乡村振兴·农民教育培训系列教材

农民专业合作社建设与管理

芮 敏 赵永刚 李智勇 主编

中国农业科学技术出版社

图书在版编目(CIP)数据

农民专业合作社建设与管理／芮敏，赵永刚，李智勇主编．--北京：中国农业科学技术出版社，2023.7
　　ISBN 978-7-5116-6317-7

Ⅰ.①农… Ⅱ.①芮… ②赵… ③李… Ⅲ.①农业合作社-专业合作社-研究-中国 Ⅳ.①F321.42

中国国家版本馆 CIP 数据核字(2023)第 107881 号

责任编辑　张志花
责任校对　王　彦
责任印制　姜义伟　王思文

出版者	中国农业科学技术出版社
	北京市中关村南大街 12 号　邮编：100081
电　话	(010) 82106631（编辑室）　(010) 82109702（发行部）
	(010) 82109709（读者服务部）
网　址	https://castp.caas.cn
经销者	各地新华书店
印刷者	北京地大彩印有限公司
开　本	140 mm×203 mm　1/32
印　张	5.625
字　数	135 千字
版　次	2023 年 7 月第 1 版　2023 年 7 月第 1 次印刷
定　价	26.60 元

◆◆◆ 版权所有·翻印必究 ◆◆◆

编委会

《农民专业合作社建设与管理》

主　　编　芮　敏　　赵永刚　　李智勇

副主编　　王来军　　孟令华　　侯素芳

　　　　　　闻鑫茹　　戈振周　　王甜甜

编　　委　秦珊珊　　杨育国　　王争科

前言

自20世纪90年代开始,我国各地开始积极探索合作经济组织的发展之路,出现了大量的新型农民合作经济组织。2007年7月1日,《中华人民共和国农民专业合作社法》正式实施。该法为农民专业合作社的快速发展提供了坚强的法律保障,农民专业合作社逐步成为组织农民生产经营、发展乡村产业、维护农民权益的重要载体,对推动农业农村经济发展起到了重要作用。随着农村改革不断深入,农民专业合作社的合作机制不断创新,合作要素不断拓展,多种新型合作方式不断涌现,需要予以规范和支持。2013年、2015年的两个中央一号文件都明确要求抓紧研究修订、适时修改农民专业合作社法。2017年,《中华人民共和国农民专业合作社法》经第十二届全国人大常委会第三十一次会议修订通过,自2018年7月1日起施行。2022年7月,财政部、农业农村部制定了《农民专业合作社财务制度》,为加强农民专业合作社的财务管理提供了明确的制度依据。

本书以最新颁布的农民专业合作社法律制度为依据,立足于农民专业合作社快速发展的实际情况,系统介绍了农民专业合作社的基础知识、设立、生产和经营管理等内容。本书共九章,分别为农民专业合作社概述,农民专业合作社的设立,农民专业合作社的合并、分立、解散和清算,农民专业合作社的经营项目,农民专业合作社的生产管理,农民专业合作社的营销管理与品牌化建设,农民专业合作社的人员管理,农民专业合作社的财务管理,农民专业合作社的法规政策。本书内容丰富、语言通俗,具有较强的实用性和指导性,可供各类农民专业合作社培训使用,也可供想要创办农民专业合作社的农民朋友学习参考。

由于时间仓促、水平有限，书中难免存在不足之处，欢迎广大读者批评指正，以便及时修订。

编 者
2023 年 4 月

目录

第一章 农民专业合作社概述 … 1
- 第一节 农民专业合作社的定义和特征 … 1
- 第二节 农民专业合作社的服务内容及原则 … 3
- 第三节 农民专业合作社的功能作用 … 6

第二章 农民专业合作社的设立 … 12
- 第一节 农民专业合作社的设立条件 … 12
- 第二节 农民专业合作社的设立程序 … 25
- 第三节 农民专业合作社联合社的组建 … 48

第三章 农民专业合作社的合并、分立、解散和清算 … 67
- 第一节 农民专业合作社的合并 … 67
- 第二节 农民专业合作社的分立 … 69
- 第三节 农民专业合作社的解散 … 71
- 第四节 农民专业合作社的清算 … 73

第四章 农民专业合作社的经营项目 … 78
- 第一节 农民专业合作社项目选择的依据 … 78
- 第二节 适宜农民专业合作社的项目 … 79
- 第三节 农民专业合作社项目选择的步骤 … 85

第五章 农民专业合作社的生产管理 … 87
- 第一节 农民专业合作社生产基地 … 87
- 第二节 农业标准化生产 … 89
- 第三节 农产品质量安全认证 … 93

第六章 农民专业合作社的营销管理与品牌化建设 … 105
- 第一节 农产品的包装设计 … 105

第二节　农产品的价格策略……………………………107
　　第三节　农产品的销售渠道……………………………112
　　第四节　农产品的品牌化建设…………………………114
第七章　农民专业合作社的人员管理…………………………120
　　第一节　农民专业合作社成员的权利和义务…………120
　　第二节　农民专业合作社成员身份管理………………121
　　第三节　开展农民专业合作社成员教育培训…………125
第八章　农民专业合作社的财务管理…………………………129
　　第一节　资产管理………………………………………129
　　第二节　负债管理………………………………………135
　　第三节　所有者权益管理………………………………136
　　第四节　收入与成本费用管理…………………………137
　　第五节　盈余分配管理…………………………………139
　　第六节　合作社成员账户管理…………………………141
第九章　农民专业合作社的法规政策…………………………143
　　第一节　农民专业合作社的法律法规…………………143
　　第二节　农民专业合作社的扶持政策…………………146
参考文献…………………………………………………………155
附录　中华人民共和国农民专业合作社法（2018版）………156

第一章 农民专业合作社概述

第一节 农民专业合作社的定义和特征

一、农民专业合作社的定义

农民专业合作社是一种新型的农业经营主体,它既不同于传统的农村集体经济组织,也不同于以公司为代表的一般企业法人。为了明确农民专业合作社的内涵,《中华人民共和国农民专业合作社法》(2018版)(以下简称《农民专业合作社法》)第二条规定,农民专业合作社是指在农村家庭承包经营基础上,农产品的生产经营者或者农业生产经营服务的提供者、利用者,自愿联合、民主管理的互助性经济组织。

二、农民专业合作社的特征

根据定义分析,农民专业合作社有以下五个主要特征。

(一) 农民专业合作社是建立在农村家庭承包经营基础之上的

以家庭承包经营为基础、统分结合的双层经营体制,是我国农村的基本经营制度,是党的农村政策的基石。农民专业合作社建立在农村家庭承包经营基础之上,保证了其成员以农民为主体。当前,我国正处于传统农业向现代农业的转型期,多种经营主体并存的局面将长期存在,传统的农民概念也在发生变化,农民的身份概念将逐渐淡化,职业农民的概念将会逐渐被人们接受,从事农业生产经营活动的劳动者都是农民。但是,从我国的现实国情和未来发展趋势看,在相当长时期内,我国农村从事家庭承包经营生产的传统小农户仍然占大多数,法律依然应当首先支持和保护拥有家庭承包经营权、经营农业、收入主要来源于农业的农民。

(二)农民专业合作社是一种经济组织

与只为成员提供技术、信息等服务,不从事营利性经营活动的农民专业技术协会、农产品行业协会等专业合作经济组织不同,农民专业合作社是从事经营活动的实体型农民专业合作经济组织,也就是说,农民专业合作社是一种经济组织。

(三)农民专业合作社是专业的经济组织

农民专业合作社是农产品的生产经营者或者农业生产经营服务的提供者、利用者联合组成的,其经营服务的内容具有很强的专业性,主要是为成员提供生产经营服务。例如,实践中一些农民专业合作社在管理上采取"六统一":统一引进新品种、新技术;统一提供技术和信息服务;统一采购农药、种子等生产资料;统一组织销售;统一承接国家涉农建设项目等优惠扶持政策;统一开展法律、文化等社会事业服务。

(四)农民专业合作社是自愿联合、民主管理的经济组织

任何单位和个人都不得违背农民意愿,以指导、扶持和服务等名义强迫他们成立或者加入农民专业合作社。农民专业合作社的各成员不论是否出资、出资多少,在合作社内部的地位都是平等的,实行民主管理,在成员大会的选举和表决上,实行一人一票制,成员各享有一票基本表决权。农民专业合作社在运行过程中应当始终体现"民办、民有、民管、民受益"的精神。

(五)农民专业合作社是互助性质的经济组织

农民专业合作社是农产品的生产经营者或者农业生产经营服

务的提供者、利用者以自我服务为目的而成立的，目的是通过合作互助提高规模效益，完成单个农民办不了、办不好、办了不合算的事。这种互助性的特点，决定了它以成员为主要服务对象，决定了"以服务成员为宗旨，谋求全体成员的共同利益"的经营原则。

第二节 农民专业合作社的服务内容及原则

一、农民专业合作社的服务内容

《农民专业合作社法》第三条规定："农民专业合作社以其成员为主要服务对象，开展以下一种或者多种业务：（一）农业生产资料的购买、使用；（二）农产品的生产、销售、加工、运输、贮藏及其他相关服务；（三）农村民间工艺及制品、休闲农业和乡村旅游资源的开发经营等；（四）与农业生产经营有关的技术、信息、设施建设运营等服务。"这一规定主要包含以下两层含义。

（一）农民专业合作社以其成员为主要服务对象

农民专业合作社基本是由农产品的生产经营者或者农业生产经营服务的提供者、利用者组织起来的。这些自愿组织起来的成员具有共同的经济利益，共同利用合作社提供的农业生产资料的购买、使用服务，以及农产品的生产、销售、加工、运输、贮藏及其他相关服务等。农民专业合作社通过为其成员提供产前、产中和产后服务，使成员联合进入市场，形成规模经济，以节省交易费用、增强市场竞争力、增加成员收入。因此，农民专业合作社的主要目的是为成员提供服务，这一目的体现了所有者与利用者同一的原则，是合作社区别于公司等企业的特征之一。

（二）农民专业合作社可以开展的业务范围

2007年实施的《中华人民共和国农民专业合作社法》将农民专业合作社限定为"同类农产品的生产经营者或者同类农业生产经营服务的提供者、利用者"之间的联合。随着城镇化的快速推进和农村劳动力的大量转移，农业规模化经营快速发展，农民对联合与合作的意愿更加强烈，对合作的内容、层次和形式的需求呈现出多样化的态势，专业合作、股份合作、信用合作、供销合作等各种类型的合作社都在发展，专业化基础上的综合化发展趋势更加明显。同时，农民对各类合作社提供服务的需求也日益多元，不局限于同类农产品或者同类农业生产经营服务的范围。因此，新修订的《农民专业合作社法》扩大了农民专业合作社的业务范围，不再局限于同类农产品或者同类农业生产经营服务的范围，并用列举的方式明确农民专业合作社可以开展以下一种或者多种业务：农业生产资料的购买、使用；农产品的生产、销售、加工、运输、贮藏及其他相关服务；农村民间工艺及制品、休闲农业和乡村旅游资源的开发经营等；与农业生产经营有关的技术、信息、设施建设运营等服务。从而将实践中出现的，如农村民间工艺及制品、休闲农业和乡村旅游资源的开发经营等新型农民专业合作社，以及农机、植保、水利等专业合作社纳入了《农民专业合作社法》的调整范围。

二、农民专业合作社的原则

（一）成员以农民为主体

这是为了坚持农民专业合作社为农民服务的宗旨，发挥农民专业合作社在解决"三农"问题中的作用，使农民真正成为农民专业合作社的主人，有效地表达自己的意愿，并防止他人利用、操纵农民专业合作社。根据《农民专业合作社法》对"成员"的规定,一方面,合作社的成员并不是单一的农民,企业、事业单位或者社会团体也可以成为合作社的成员。另一方面,合作社成员主要由农民组成,而且,农民不少于成员总数的百分之八十,成员人数在二十人以下的,允许一个从事与农民专业合作社业务直接有关的生产经营活动的企业、事业单位或者社会组织进入;成员人数超过二十人的,其也不得超过百分之五。

(二) 以服务成员为宗旨,谋求全体成员的共同利益

一方面,农民专业合作社以其成员为主要服务对象,坚持以服务成员为宗旨。农民入社后,可以享受农民专业合作社提供的产前、产中、产后服务,更好地发展生产。农民专业合作社则将成员分散生产的农产品和需要的服务集中起来,以规模化的方式进入市场,改变了单个农民的市场弱势地位。另一方面,农民专业合作社为成员服务,还必须坚持谋求全体成员的共同利益。不论是农民个人还是企业等团体成员,加入合作社都是为了享受农民专业合作社提供的服务,合作社本质上是成员共同利益的联合体,这种共同利益是成员间进行合作开展一致行动的基础,只有谋求共同利益才能保证全体成员的利益最大化,实现每个成员加入合作社的目的。

(三) 入社自愿、退社自由

农民专业合作社是互助性经济组织,凡具有民事行为能力的公民,能够利用农民专业合作社提供的服务,承认并遵守农民专业合作社章程,履行章程规定的入社手续的,可以成为农民专业合作社的成员。农民可以自愿加入一个或者多个农民专业合作社,入社不改变承包经营;农民也可以依法自由退出农民专业合作社,终止其成员资格,农民专业合作社应当按照章程规定的方式和期限,退还记载在该成员账户内的出资额和公积金份额,返还其成员资格终止前的可分配盈余;资格终止的成员应当按照章

程规定分摊资格终止前本社的亏损及债务。

（四）成员地位平等，实行民主管理

《农民专业合作社法》从农民专业合作社的组织机构和保证农民成员对本社的民主管理两个方面做了规定：一是农民专业合作社必须设立成员大会，作为农民专业合作社的权力机构，并依法定期和临时召开；二是农民专业合作社成员大会选举和表决，实行一人一票制，成员各享有一票的基本表决权，成员可以通过民主程序直接控制本社的生产经营活动。

（五）盈余主要按照成员与农民专业合作社的交易量（额）比例返还

盈余分配方式是农民专业合作社与其他经济组织的重要区别，为了体现盈余主要按成员与本社的交易量（额）比例返还的基本原则，保护一般成员和出资较多成员两个方面的积极性，《农民专业合作社法》规定：可分配盈余主要按照成员与本社的交易量（额）比例返还。可分配盈余按成员与本社的交易量（额）比例返还的返还总额不得低于可分配盈余的百分之六十；返还后的剩余部分，以成员账户中记载的出资额和公积金份额，以及本社接受国家财政直接补助和他人捐赠形成的财产平均量化到成员的份额，按比例分配给本社成员。具体分配办法按照章程规定或者经成员大会决议确定。

第三节　农民专业合作社的功能作用

一、实施乡村振兴战略的重要主体

在推进农业农村现代化发展的过程中，新型农业经营主体是骨干力量。农民专业合作社作为新型农业经营主体的重要组成部分，在实现产业兴旺、生态宜居、乡风文明、治理有效、生活富裕总要求的各个方面都将发挥积极作用。

农民专业合作社可有效促进农村经济发展，实现产业兴旺。乡村振兴的关键是产业兴旺，产业发展是农村政治、社会、生态、文化振兴的基础。我国的农民专业合作社是产业组织，主要功能之一就是带动分散的小农户以较高的组织化程度、一体的组织结构、适度的组织规模发展农业生产、参与市场竞争。实践表明，通过同业联合和地缘联合等方式，农民专业合作社带领小农户实现了小生产与大市场的有效对接，已经成为农村地区促进产业集聚、推动产业发展、带动产业升级的重要力量。

农民专业合作社可协助改善乡村生态环境，实现生态宜居。实践中，一些农民专业合作社出资修路铺桥、改善所在农村社区的基础设施条件，一些财政项目支持建设的农村基础设施交由农民专业合作社管护，扭转了农村公共设施"有人建、无人管"的局面。农民专业合作社在组织农民发展生产和开拓市场的同时，也承担了美化乡村环境、改善农村面貌的部分职责。

农民专业合作社有助于弘扬传统文化，实现乡风文明。农民专业合作社本身立足农业、扎根农村，在弘扬农耕文明和优良传统方面有着天然的传承功能。通过组织开展各类文化活动，农民专业合作社能够向农民传递诚实守信、互助合作的价值观念，丰富农村精神文化生活，促进乡村文明建设发展。通过发展休闲农业、观光旅游等产业，农民专业合作社能够成功地向城市消费者展示农耕文化，用"乡景"留住城里人的"乡愁"，进一步密切城乡关系。

农民专业合作社可助力完善村民自治，实现治理有效。完善乡村治理体系、提高乡村治理能力，是实现农村安定有序发展的迫切需求。农民专业合作社是农民自己的组织，最了解农民的利益和诉求，在收集民意、集中民智，协助政府贯彻落实"三农"政策，提升乡村自治、法治、德治等治理能力，完善乡村治理体系等方面有着天然的桥梁和纽带作用。实践中，在农民专业合作社建立党支部、村两委干部领办农民专业合作社等做法，完善和加强了基层党组织建设，疏通了政策传递和落实的渠道，促进了乡村治理有序和发展有力的有机结合。

农民专业合作社带动农民增收致富，实现生活富裕。农民专业合作社为农民提供了原地就业的机会和场所，为返乡创业人员提供了载体和平台，让"老乡"找到了一条稳定增收、长效致富的小康之路。

二、完善农村基本经营制度的有效载体

实施乡村振兴战略的一个重要内涵是要继续深化农村改革，而改革的一个核心任务是巩固和完善农村基本经营制度，深化农村土地制度改革，完善承包地"三权"分置制度。

深入推进农村改革，是要坚持以家庭承包经营为基础、统分结合的双层经营体制，通过体制机制创新激活农业农村发展活力。农民专业合作社"生产在家、服务在社"的组织特点，就是在坚持农业家庭经营的基础上，联合起来解决农户办不了、政府管不了、企业帮不了的问题。这种特点与巩固和完善农村基本经营制度的方向和要求完全契合，能够有效地实现改革目标，是深化改革进程中值得重视的组织形式。

新形势下，土地制度改革始终要把处理好农民和土地的关系作为主线，通过推进土地"三权"分置改革，明确土地所有权、稳定土地承包权、盘活土地经营权。实践中，以农民专业合作社为载体，各地已经探索出多种"三权"分置的实现形式。不少地区组建了农机专业合作社、土地股份合作社等，通过土地流

转、入股、托管等模式开展土地适度规模经营,激活了农村土地、人力、资本等要素的潜能,解决了人地分离的后顾之忧,实现了农村土地制度改革的预期目标,经验值得好好总结。

三、构建现代农业经营体系的关键环节

培育新型农业经营主体是关系我国农业现代化的重大战略。加快培育新型农业经营主体,形成以农户家庭经营为基础、合作与联合为纽带、社会化服务为支撑的立体式复合型现代农业经营体系,对于推进农业供给侧结构性改革、引领农业适度规模经营发展、带动农民就业增收、增强农业农村发展新动能具有十分重要的意义。

当前,我国农业发展依旧存在着经营规模小、方式粗放、劳动力水平低、组织化程度低、服务体系不健全等突出问题,生产端与日益升级的消费端之间的矛盾越来越凸显。在家庭经营的基础上实现农业生产经营方式的现代化转型,培育一批符合现代农业发展要求的新型农业经营主体至关重要。

农民专业合作社是新型农业经营主体的重要构成。实践表明,农民专业合作社在传递市场信息、普及生产技术、提供社会化服务、组织引导农民按照市场需求进行生产和销售等方面发挥了重要作用,是组织和服务农民的重要形式。农民专业合作社在生产经营环节"统得起来",在利益分配环节"分得下去",通过土地集中经营、联产联运、统购统销等方式,有效地实现了农业多种形式的规模经营,在推进投入集约化、农户组织化、生产规模化、服务社会化、经营产业化等方面发挥了积极作用。

四、促进农村一二三产业融合发展的骨干力量

农村一二三产业融合发展,是拓宽农民增收渠道、构建现代

农业产业体系的有效途径,是加快转变农业发展方式、探索中国特色农业现代化道路的必然要求。加快农业结构调整、延伸农业产业链、拓展农业多种功能、发展农业新型业态等是农村产业融合发展的重要内容,培育多元化农村产业融合主体则是农村产业融合发展的重要抓手,农民专业合作社就是其中一类重要主体。

适应市场要求,农民专业合作社有效延伸产业链条。尽管农民专业合作社整体上生产水平还不高,但已经有一批农民专业合作社通过发展精深加工、创新营销方式、打造知名品牌等手段,不断延伸产业链条,实现转型提质发展。"忘不了"柑橘、"齐峰"猕猴桃、"圣野果源"草莓等一批农民专业合作社知名产品不断涌现,显著提高了农业产业水平,提升了农产品形象。

拓展消费诉求,农民专业合作社成功拓展农业多种功能。一些地方的郊区通过组建农民专业合作社,将原本散兵作战、无序竞争的农家乐整合为标准统一、消费透明、管理严格的农家乐专业合作社,大大提高了农家乐的服务水平和消费体验。一些农民专业合作社利用已经成熟的生产基地创新性地开发出农事体验、菜园领养等业务,大大拓展了农业功能,丰富了农业发展内涵。

顺应发展需求,农民专业合作社创新发展农业新型业态。一批农民专业合作社顺应"互联网+"发展趋势,在生产和销售环节引入信息化技术,实现了生产管理可视化、产品销售网络化,显著提高了产品质量,拓展了销售渠道。在国内各大高端展会中,也越来越多地出现了农民专业合作社的身影,将上乘的农产品和优良的农民专业合作社形象展示给更多消费者。

五、培养"三农"工作队伍的"田间课堂"

培养"懂农业、爱农村、爱农民"的"三农"工作队伍的关键是让干部"下得去"。农民专业合作社是农民的组织,也是从事农业的组织，更是扎根在农村的组织。了解农民专业合作社就是了解"三农"，为农民专业合作社服务就是为"三农"服务。可以说，农民专业合作社是培养"一懂两爱""三农"干部的天然场所。

懂农业，就是要求"三农"干部懂政策、懂法律、懂经济、懂技术、懂管理。深入农民专业合作社，了解农民专业合作社扶持政策，学习农民专业合作社运营管理相关法律，把握农业产业发展实践动态，理解农业实用技术和推广障碍，掌握农业经营管理关键难点和现实挑战，能够深化"三农"干部对农业的"懂"，全面提升干部的业务能力。

爱农村，就是要求"三农"干部准确把握城乡一体化协调发展的关键和内涵，坚持农业农村优先发展。深入农民专业合作社，了解农民专业合作社在要素配置、资源条件、公共服务等方面的现实需求，探索"绿水青山"变成"金山银山"的创新途径，理解"让农村成为可大有作为的广阔天地"的现实涵义，能够内化"三农"干部对农村的"爱"，有效提升干部的职业素养。

爱农民，就是要求"三农"干部谋划农民生计、维护农民权益，真正把农民当作自己的兄弟姐妹看待。深入农民专业合作社，与农民兄弟做朋友，设身处地为农民排忧解难，帮助农民提高生活水平、解决生计难题、维护生存权利，能够激发"三农"干部对农民的"爱"，促使干部多为群众办好事、办实事，为推动发展出实招、求实效。

总之，农民专业合作社在构建现代农业产业体系、生产体系、经营体系，发展多种形式适度规模经营和完善农村治理结构等方面具有独特的功能价值，各级政府应当高度重视扶持农民专业合作社发展，帮助其在实施乡村振兴战略中发挥更加显著的作用。

第二章 农民专业合作社的设立

第一节 农民专业合作社的设立条件

依据《农民专业合作社法》的规定,设立农民专业合作社应当具备下列条件。

一、农民专业合作社成员

农民专业合作社的主体是广大农民,发动他们入社,扩大社员数量,是发展合作社的重要工作。

(一)农民专业合作社成员的要求

设立农民专业合作社,应有五名以上符合规定的成员。

《农民专业合作社法》规定,具有民事行为能力的公民,以及从事与农民专业合作社业务直接有关的生产经营活动的企业、事业单位或者社会组织,能够利用农民专业合作社提供的服务,承认并遵守农民专业合作社章程,履行章程规定的入社手续的,可以成为农民专业合作社的成员。但是,具有管理公共事务职能的单位不得加入农民专业合作社。

(二)农民专业合作社成员的构成

成员分为自然人和单位。自然人又分为农民和城镇居民,单位又分为企业和非企业单位,自然人以个人作为一名合作社成员,单位以整体作为一名合作社成员。《农民专业合作社法》规定,农民专业合作社的成员中,农民至少应当占成员总数的百分之八十。成员总数二十人以下的,可以有一个企业、事业单位或者社会组织成员;成员总数超过二十人的,企业、事业单位和社会组织成员不得超过成员总数的百分之五。

二、制定章程

设立农民专业合作社,应有符合《农民专业合作社法》规定的章程。

(一) 制定合作社章程的意义

农民专业合作社章程是在遵循国家法律法规、政策规定的条件下,由全体成员制定的,并由全体成员共同遵守的行为准则。农民专业合作社章程的制定是设立农民专业合作社的必备条件和必经程序,也是其自治特征的重要体现,在合作社的运行中具有极其重要的作用。首先,章程规定了某个合作社的具体制度,这些制定不仅涉及每个成员的权利与义务,更是决定了一个合作社是否能够生存与实现发展这一重大问题。其次,章程有公示作用,有利于债权人、社会公众、政府等利益相关方对合作社的了解,有利于农民专业合作社接受外界的监督和服务。此外,制定章程和按照章程兴办合作社是合作社享受国家有关优惠政策的一项重要依据。因此,制定好章程,并按照章程办事,是办好一个合作社的关键。

(二) 农民专业合作社章程的内容

按照《农民专业合作社法》的规定,农民专业合作社章程应当载明下列事项。

(1) 名称和住所。

(2) 业务范围。

(3) 成员资格及入社、退社和除名。

（4）成员的权利和义务。

（5）组织机构及其产生办法、职权、任期、议事规则。

（6）成员的出资方式、出资额，成员出资的转让、继承、担保。

（7）财务管理和盈余分配、亏损处理。

（8）章程修改程序。

（9）解散事由和清算办法。

（10）公告事项及发布方式。

（11）附加表决权的设立、行使方式和行使范围。

（12）需要载明的其他事项。

(三) 制定章程的注意事项

在制定章程的时候，不仅要参照《农民专业合作社示范章程》，还要从本社的实际出发，对以下几个方面加以注意。

（1）以遵守法律法规为原则。章程的内容必须要符合相关的法律法规，如果与之矛盾则章程无效，而且还会给合作社的发展、成员的利益带来负面影响。

（2）充分发扬民主。章程的制定必须发扬民主，由全体成员共同讨论形成。章程应当是全体设立人真实意思的表示。在制定过程中，每个设立人必须充分发表自己的意见，每条每款必须取得一致。只有充分发扬民主制定出来的章程，才能对每个成员起到约束作用，才能很好地得到贯彻执行，也才能调动各方面参与合作社管理与发展的积极性。

（3）内容力求完善。合作社章程在制定过程中，要对相应的事项尽量规定详细，这样才可以在以后出现问题时有章可循，防止一个人说了算的现象发生。强调合作社章程的完善，并不是要求事无巨细地做出规定，而是就重大事项进行原则性规定。同时，章程的完善也有一个过程，可以在发展中逐步完善。

（4）按法定程序制定和修改章程。为保障全体设立人在对章程认可上的真实性，应当采用书面形式，由每个设立人在章程上签名、盖章。章程在合作社的存续期内不是一成不变的，是可以逐步完善的，但是，修改章程要经由成员大会做出修改章程的决议。

（四）合作社章程的贯彻与执行

章程作为农民专业合作社依法制定的重要的规范性文件，作为农民专业合作社的组织和行为基本准则的规定，对理事长、理事会成员、执行监事或者监事会成员等合作社的所有成员都具有约束力，必须严格遵守执行。

合作社的章程一般是原则性规定。在合作社的兴办过程中，还可以根据发展的实际需要，制定若干个专项管理制度，对某个方面的事项做出具体规定，进而把章程的规定进一步细化和落到实处。一般而言，合作社可以制定成员大会、成员代表大会、理事会、监事会的议事规则，管理人员、工作人员岗位责任制度，劳动人事制度，产品购销制度，产品质量安全制度，集体资产管理和使用制度。这些制度的制定，有的需要由理事会研究决定，有的还需要成员大会研究通过，并向成员公示，以便成员监督执行。

需要指出的是，章程作为农民专业合作社的内部规章，其效力仅限于本社和相关当事人。章程是法律以外的行为规范，由农民专业合作社自己来执行，无需国家强制力保证实施，当出现违反章程的行为时，只要该行为不违反法律，就由农民专业合作社自行解决。

三、设置组织机构和岗位

设立农民专业合作社，应有符合《农民专业合作社法》规定的组织机构。

(一) 权力机构——成员大会

成员大会由全体成员组成,是本社的权力机构。农民专业合作社成员超过一百五十人的,可以按照章程规定设立成员代表大会。成员代表大会按照章程规定可以行使成员大会的部分或者全部职权。

1. 成员(代表)大会的主要职权

(1) 审议、修改本社章程和各项规章制度。农民专业合作社章程的制定是设立农民专业合作社的必备条件和必经程序,也是其自治特征的重要体现,完善的章程不仅涉及每个成员的权利与义务,更利于债权人、社会公众、政府等利益相关方对合作社的了解、监督和服务,还是享受国家有关优惠政策的重要依据。

农民专业合作社规章制度是日常运行的重要保障,包括民主议事决策制度、民主理财制度、现金收支制度、财务管理制度、会计核算制度、廉政建设制度、培训制度、成员管理制度、盈余分配制度等。

制定和修改章程、规章制度均需要本社成员表决权总数三分之二以上通过。

(2) 选举和罢免理事长、理事、执行监事或者监事会成员。理事长、理事、执行监事或者监事会选举工作由筹备小组主持,筹备小组制定选举工作实施方案、提名候选人名单、确定选举日期和投票地点、准备选票和票箱、确定监票人和唱票人、主持成员(代表)大会进行选举并公布选举结果。选举实行合作社成员一人(单位)一票制,等额或差额无记名投票方式,候选人及人数由筹备组广泛征询成员的意见后确定,按得票数量从多到少确定当选。理事长任本合作社法人代表。

筹备小组应向成员（代表）大会成员说明理事长、理事、理事会、执行监事、监事会的职责及工作方式，人员资格以及相互之间的关系。理事长、理事、执行监事或者监事会成员可连选连任。

（3）决定成员入社、退社、继承、除名、奖励、处分等事项。

（4）决定成员出资标准及增加或者减少出资。

（5）审议本社的发展规划和年度业务经营计划。

（6）审议批准年度财务预算和决算方案。

（7）审议批准年度盈余分配方案和亏损处理方案。盈余分配和亏损处理方案关系到所有成员获得的收益和承担的责任，成员大会有权对其进行审批。成员大会认为方案符合要求的则可予以批准，反之则不予批准。不予批准的，可以责成理事长或者理事会重新拟定有关方案。

（8）审议批准年度业务报告。理事会、执行监事或者监事会提交的年度业务报告是对合作社年度生产经营情况进行的总结，对年度业务报告的审批结果体现了对理事会（理事长）、监事会（执行监事）一年工作的评价。

（9）决定重大事项。财产处置、对外投资、对外担保等生产经营活动中的重大事项是否可行、是否符合合作社和大多数成员的利益，应由成员大会来作出决定。

（10）对合并、分立、解散、清算和对外联合等作出决议。合作社的合并、分立、解散关系合作社的存续状态，与每个成员的切身利益相关，这些决议至少应由本社成员表决权总数的三分之二以上通过。

（11）决定人员聘用部分事宜。农民专业合作社是由全体成员共同管理的组织，成员大会有权决定合作社聘用经营管理人员、专业技术人员的数量、资格、报酬和任期。

（12）听取理事长或者理事会关于成员变动情况的报告。成员变动情况关系到合作社的规模、资产及成员获得收益和分担亏损等诸多因素，成员大会有必要及时了解成员增加或者减少的变动情况。

（13）决定其他重大事项。

2. 成员（代表）大会的召开

（1）农民专业合作社成员（代表）大会每年至少召开一次，一般由理事长或者理事会负责召集，并提前十五日向全体成员通报会议内容。

（2）农民专业合作社成员（代表）大会临时成员大会可不固定召开，当有下列情形之一即可召开：一是百分之三十以上的成员提议；二是理事长或者理事会不能履行或者在规定期限内没有正当理由不履行职责召集临时成员大会的由执行监事或者监事会召集并主持临时成员大会；三是章程规定的其他情形。

（3）成员（代表）大会须有本社成员（代表）总数的三分之二以上出席方可召开。成员因故不能参加成员大会，可以书面委托其他成员（代表）代理。

（二）执行机构——理事会

1. 理事会的构成

理事会是合作社的执行机构，按照章程的规定对合作社进行日常经营与管理。理事会对社员大会负责，成员较多的合作社一般才设置理事会，不设理事会时由理事长全面负责合作社经营管理工作。理事会一般由五至七名理事组成，设理事长一名，理事由社员（代表）大会从本社社员中选举产生，任期三年，可连选连任。

2. 理事会的职权

（1）组织召开社员（代表）大会并报告工作，执行社员

（代表）大会决议。

（2）制定本社发展规划、年度业务经营计划、内部管理规章制度等，提交社员（代表）大会审议。

（3）制定年度财务预决算、盈余分配和亏损弥补等方案，提交社员（代表）大会审议。

（4）组织开展社员培训和各种协作活动。

（5）管理本社的资产和财务，保障本社的财产安全。

（6）接受、答复、处理监事提出的有关质询和建议。

（7）决定社员入社、退社、继承、除名、奖励、处分等事项。

（8）决定聘任或者解聘本社经理、财务会计人员和其他专业技术人员。

（9）履行社员（代表）大会授予的其他职权。

3. 理事会的表决制度

理事会会议的表决，实行一人一票，重大事项集体讨论，并经三分之二以上理事同意方可形成决定，理事会所议事项要形成会议记录，出席会议的理事应当在会议记录上签名。理事个人对某项决议有不同意见时，其意见记入会议记录并签名。

4. 理事长

理事长是农民专业合作社的法定代表人，是理事会成员，由社员（代表）大会投票选举产生。理事长主要具有下列职权。

（1）召集并主持理事会会议，按章程主持社员（代表）大会。

（2）签署本社社员出资证明。

（3）签署聘任或者解聘本社经理、财务会计人员和其他专业技术人员聘书。

（4）组织实施社员（代表）大会和理事会决议，检查决议实施情况。

（5）代表本社签订合同等。

（6）履行社员（代表）大会和章程授予的其他职权。

5. 理事会与村委会的关系

在村委会领办的合作社中，一般是合作社与村委会实行"一套人马、两块牌子"的紧密方式，理事会理事由村委委员兼任，理事长由村委主任兼任，既可以弥补村委会在经济职能方面的不足，还可以在村委会的带动下致力于村公益事业。

（三）监督机构——监事会或执行监事

监事会是合作社的监察机构，执行监督职能，代表全体社员监督合作社的财务和业务执行情况。监事会对社员大会负责，监事会一般由三人组成，设监事长一人，监事会成员由社员（代表）大会在本社社员中选举产生，每届任期三年，可连选连任，合作社理事长、副理事长、理事、经理和财务人员不得兼任监事。

执行监事是指仅由一人组成的监督机关，对合作社的账务、管理人员和业务执行情况进行监督。

《农民专业合作社法》规定执行监事或者监事会不是农民专业合作社的必设机构。如果成员大会认为需要提高监督效率，可以根据实际情况选择设执行监事或者监事会。是否设执行监事和监事会由合作社在章程中规定。一般地，合作社设执行监事的，不再设监事会。

监事会或者执行监事具有下列职权。

（1）监督理事会对成员大会决议和本社章程的执行情况。

（2）监督检查本社的生产经营业务情况，负责本社财务审核监察工作。

（3）监督理事长或者理事会成员和经理履行职责情况。

（4）向成员大会提出年度监察报告。

（5）向理事长或者理事会提出工作质询和改进工作的建议。

（6）提议召开临时成员大会。

（7）代表本社负责记录理事与本社发生业务交易时的业务交易量（额）情况。

（8）履行成员大会授予的其他职权。

监事会会议由监事长组织召集，监事长因故不能召集会议时，可以委托其他监事召集。

监事会的会议表决实行一人一票，监事会会议必须有三分之二以上的监事出席方能召开，重大事项的决议须经三分之二以上的监事同意方能生效。

监事会所议事项要形成会议记录，出席会议的监事应当在会议记录上签字，监事个人对某项决议有不同意见时，其意见也要记入会议记录并签名。

设立执行监事或者监事会的农民专业合作社，由执行监事或者监事会负责对本社的财务进行内部审计，审计结果应当向成员大会报告。

（四）合作社经理

1. 合作社经理概述

合作社经理是按照章程规定和理事长或者理事会授权，全面负责合作社具体生产经营活动的高级管理人员。合作社经理由理事会（或者理事长）聘任或者解聘，对理事会（或者理事长）负责，理事长或者理事可以兼任经理。

2. 经理的职权

（1）主持本社的生产经营工作，组织实施理事会决议。

（2）组织实施年度生产经营计划和投资方案。

（3）拟定经营管理制度。

（4）提请聘任或者解聘财务会计人员和其他经营管理人员。

（5）聘任或者解聘除应由理事会聘任或者解聘之外的经营管理人员和其他工作人员。

（6）理事会授予的其他职权。

3. 经理的基本素质

（1）具有熟悉运用农业发展政策的能力。农民专业合作社经理必须熟悉国家"三农"政策，特别是强农惠农政策，只有熟知国家关于农民专业合作社的发展政策，才能摸准我国农民专业合作社的发展战略和发展方向，才能引领农民专业合作社科学发展，促进其健康发展。

（2）具有一定的组织管理能力。经理对农民专业合作社的发展要有一定的市场洞察力和果断的决策力，对农民专业合作社的日常管理具有一定的号召力和凝聚力，对农民专业合作社的发展具有科学规划的能力，对成员的教育培训具有一定的支持能力，对农民专业合作社的文化建议具有深入挖掘和宣传推广的能力。

（3）具有扎实的沟通协调能力。经理不仅要处理好与农民专业合作社理事会、理事长等上级领导管理层的关系，而且要能够协调处理好政府、市场和成员三者之间的关系。

（4）具有良好的开拓创新能力。经理要对农民专业合作社机制建设与发展具有灵活的创新思维，对农民专业合作社的供给需求、消费需求、品质需求等具有敏锐的市场眼光，对农民专业合作社现有资源具有高超的资源整合能力，能带领农民专业合作社在市场经济中做大做强。

（5）具有优质的服务能力。经理必须具备一定的电子商务、金融服务、公益服务等能力，以促进农民专业合作社快速发展。

（五）合作社主要岗位人员设定

为了提高规模型农民专业合作社的经营管理水平，还应设置财务人员、技术人员、营销人员等。

1. 财务人员

主要负责以发生业务为依据的记账、算账、报账和现金收支等会计核算，及时提供真实可靠的、能满足各方需要的会计信息，对本社实行会计监督，拟订本单位办理会计事务的具体办法，参与拟定经济计划、业务计划，考核、分析预算、财务计划的执行情况等。

2. 技术人员

受合作社经理委托，主要负责合作社技术引进、新产品开发研究、新技术应用、技术指导与监督等，同时对社员提供种植、养殖等相关的技术服务，规范工艺流程，制定技术标准，抓好技术管理，实施技术监督，以及协调各部门之间的工作等。

技术服务部门主要负责技术指导、人员培训、设备维护等。

3. 营销人员

营销人员负责按理事会制定的年度生产计划制定具体的实施方案、及时掌握市场动态、谋划营销策略、实施营销宣传、拓展销售渠道、制定本社产品收购价格和销售价格并报理事会批准；对内与合作社社员签订本社产品收购合同，对外与销售商签订本社产品销售合同；按合同约定做好合同的履行兑现；负责对经济合同纠纷的诉讼工作；负责本社产品的加工，创优本社产品品牌。

市场营销部门主要负责产品的销售、开发与资金回笼等。

四、确定名称和住所

设立农民专业合作社，应有符合法律、行政法规规定的名称和章程确定的住所。

(一) 农民专业合作社的名称

农民专业合作社的名称，是指合作社用以相互区别的固定称呼，是合作社人格特定化的标志，是合作社设立、登记并开展经营活动的必要条件。一般来说，农民专业合作社的名称可以由行政区划、字号、行业性质、"专业合作社"字样依次组成。例如，天津绿缘食用菌专业合作社、广东省鹤山市盛农种养专业合作社。

农民专业合作社依法享有名称权，并以自己的名义从事生产经营活动，其名称受到相关法律保护，任何单位和个人不得侵犯。农民专业合作社只准使用一个名称，在登记机关辖区内不得与登记注册的同行业农民专业合作社名称相同。

（二）合作社的住所

住所是指法律上确认的合作社的主要经营场所，它是注册登记的事项之一。如果在经营过程中住所发生变更，必须再次办理变更登记。经工商部门登记的住所只有一个，住所的选址可以是专门的办公场所，也可以是某个成员的家庭住址，但必须是所在登记机关辖区范围内。

五、成员出资

设立农民专业合作社，应有符合章程规定的成员出资。

农民专业合作社成员可以用货币出资，也可以用实物、知识产权、土地经营权、林权等可以用货币估价并可以依法转让的非货币财产，以及章程规定的其他方式作价出资；但是，法律、行政法规规定不得作为出资的财产除外。

成员以非货币方式出资的，由全体成员评估作价。以非货币方式作价出资的成员与以货币方式出资的成员享受同等权利，承担相同义务，成员出资经审核同意后可以转让给本社其他成员，合作社按实际出资向本社成员颁发成员证书，并载明成员的出资额。

农民专业合作社成员不得以对该社或者其他成员的债权，充抵出资；不得以缴纳的出资，抵销对该社或者其他成员的债务。

第二节　农民专业合作社的设立程序

农民专业合作社设立的条件成熟后，即可由全体设立人指定的代表或者委托的代理人向登记机关提交材料，进行注册登记。

一、提交材料

申请设立农民专业合作社，应当由全体设立人指定的代表或者委托的代理人向登记机关提交下列文件。

（一）登记申请书

登记申请书，如表2-1所示。

表2-1　农民专业合作社登记申请书

名称				
备选名称 （请选用不同字号）	1.			
	2.			
住所				
	邮政编码		联系电话	
成员出资总额				
业务范围				

(续表)

名称	
法定代表人姓名	

成员总数：_____（名）
　其中：农民成员：_____（名）所占比例：_____%
　　　　企业、事业单位或社会团体成员：_____（名）所占比例：____%

本农民专业合作社依照《中华人民共和国农民专业合作社法》《中华人民共和国农民专业合作社登记管理条例》设立，提交文件材料真实有效。谨对真实性承担责任。
　　　　　　　　　　　　　　　　　法定代表人签名：
　　　　　　　　　　　　　　　　　　年　　　月　　　日

填写农民专业合作社登记申请书须知。

（1）农民专业合作社名称依次由行政区划、字号、行业性质、组织形式组成。名称中的行政区划是指农民专业合作社住所所在地的县级以上（包括市辖区）行政区划名称。名称中的字号应当由两个以上的汉字组成，可以使用农民专业合作社成员的姓名作字号，不得使用县级以上行政区划名称作字号。名称中的行业性质应当反映农民专业合作社的业务范围或者经营特点。名称中的组织形式应当标明"专业合作社"字样。

（2）填写住所应当标明住所所在县（市、区）、乡（镇）及村、街道的门牌号码。

（3）农民专业合作社申请登记的业务范围中有法律、行政法规和国务院规定必须在登记前报经批准的项目，应当提交有关的许可证书或者批准文件复印件。

（4）农民专业合作社设立时自愿成为该社成员的人为设立人。

(5) 提交文件、证件复印件应当使用 A4 纸。

(6) 应当使用钢笔、毛笔或签字笔工整地填写表格或签名。

(7) 以上需设立人或出资成员签署的，设立人或出资成员为自然人的由本人签名；自然人以外的设立人加盖公章。

(二) 全体设立人签名、盖章的设立大会纪要

农民专业合作社设立大会纪要（表 2-2）由全体设立人签名、盖章。设立人为自然人的，由其签；设立人为企业、事业单位或者社会团体成员的，由单位盖公章。

表 2-2　农民专业合作社设立大会纪要

　　　　　　　　　　专业合作社设立大会纪要

（参考范本）

根据《中华人民共和国农民专业合作社法》和有关法律、法规、政策，由____等____成员发起设立农民专业合作社。本社于____年____月____日召开设立大会，所作出决议经全体发起人表决一致通过。决议事项如下：

1. 同意设立____专业合作社。
2. 同意通过本专业合作社章程（由全体设立人签名或盖章）。
3. 同意本专业合作社住所为：____。
4. 同意本合作社业务范围为：____。
5. 同意本合作社成员出资总额为：____元。（成员具体出资情况见出资清单）
6. 同意选举____为理事长（法定代表人）；选举____为副理事长；选举____、____为理事；选举____、____、____为监事。
7. 同意____、____等____人成为本合作社的成员。（具体名单见成员名册）
8. ……

【注：逐项列明决议事项，删除不涉及的事项】

9. 同意指定（委托）____为全体成员指定代表（共同委托代理人）到工商部门办理合作社设立登记手续。

全体设立人（签名或盖章）：

　　　　　____年____月____日

（三）全体设立人签名、盖章的章程

为切实贯彻落实新修订的《农民专业合作社法》，准确体现法律修订的目的，更好发挥农民专业合作社章程的作用，为扩大农民专业合作社制定符合法律要求和自身特点的章程提供参照和遵循，农业农村部于 2018 年 12 月发布了修订后的《农民专业合作社示范章程》，内容如下。

农民专业合作社示范章程

本示范章程中的【 】内文字部分为解释性规定。农民专业合作社在遵守有关法律法规的前提下，可根据自身实际情况，参照本示范章程制订和修正本社章程。

_____专业合作社章程

【____年____月____日召开设立大会，由全体设立人一致通过。____年____月____日召开成员大会第____次修订通过。】

第一章　总　则

第一条　为促进本社规范运行和持续发展，保护本社及成员的合法权益，增加成员收入，增进成员福利，依照《中华人民共和国农民专业合作社法》和有关法律、法规、政策，制定本章程。

第二条　本社由_____【注：列出全部发起人姓名或名称】等____人发起，于____年____月____日召开设立大会。

本社名称：____专业合作社，成员出资总额____元，其中，

货币出资额____元,非货币出资额____元【注:如有非货币出资请按具体出资内容分别注明,如以土地经营权作价出资＊＊元】。

单个成员出资占比不得超过本社成员出资总额的百分之____。

本社法定代表人:_____【注:理事长姓名】。

本社住所:____,邮政编码:____。

第三条 本社以服务成员、谋求全体成员的共同利益为宗旨。成员入社自愿,退社自由,地位平等,民主管理,实行自主经营,自负盈亏,利益共享,风险共担,可分配盈余主要按照成员与本社的交易量(额)比例返还。

第四条 本社以成员为主要服务对象,依法开展以下业务:

(一)农业生产资料的购买、使用;

(二)农产品的生产、销售、加工、运输、贮藏及其他相关服务;

(三)农村民间工艺及制品、休闲农业和乡村旅游资源的开发经营;

(四)与农业生产经营有关的技术、信息、设施建设运营等服务。

【注:根据实际情况填写。上述内容应与市场监督管理部门颁发的农民专业合作社法人营业执照规定的业务范围一致。】

第五条 经成员(代表)大会讨论并决议通过,本社依法发起设立或自愿加入____农民专业合作社联合社。

第六条 依法向_____公司等企业投资;依法投资兴办_____公司。

第七条 经成员(代表)大会讨论并决议通过,本社可以接受与本社业务有关的单位委托,办理代购代销等服务;可以向政府有关部门申请或者接受政府有关部门委托,组织实施国家支持发展农业和农村经济的建设项目；可以按决定的数额和方式参加社会公益捐赠。

第八条 本社及全体成员遵守法律、社会公德和商业道德，依法开展生产经营活动。本社不从事与章程规定无关的活动。

第九条 本社对由成员出资、公积金、国家财政直接补助、他人捐赠以及合法取得的其他资产所形成的财产，享有占有、使用和处分的权利，并以上述财产对债务承担责任。

第十条 本社为每个成员设立成员账户，主要记载该成员的出资方式、出资额、量化为该成员的公积金份额以及该成员与本社的业务交易量（额）。

本社成员以其成员账户内记载的出资额和公积金份额为限对本社承担责任。

第二章 成 员

第十一条 具有民事行为能力的公民，从事与＿＿＿【注：业务范围内的主业农副产品名称】业务直接有关的生产经营，能够利用并接受本社提供的服务，承认并遵守本章程，履行本章程规定的入社手续的，可申请成为本社成员。从事与本社＿＿＿业务直接有关的生产经营活动的企业、事业单位或者社会组织可申请成为本社成员【注：农民专业合作社可以根据自身发展的实际情况决定是否吸收团体成员】。具有管理公共事务职能的单位不得加入本社。本社成员中，农民成员至少占成员总数的百分之八十。【注：农民专业合作社章程可自主确定入社成员的生产经营规模或经营服务能力等其他条件】

第十二条 凡符合第十一条规定，向本社理事长或者理事会提交书面入社申请，经成员大会或者成员代表大会表决通过后，即成为本社成员。

第十三条 本社向成员颁发成员证书,并载明成员的出资额。成员证书同时加盖本社财务印章和理事长印鉴。

第十四条 本社成员享有下列权利:

(一)参加成员大会,并享有表决权、选举权和被选举权,按照本章程规定对本社实行民主管理;

(二)利用本社提供的服务和生产经营设施;

(三)按照本章程规定分享本社盈余;

(四)查阅本社章程、成员名册、成员大会或者成员代表大会记录、理事会会议决议、监事会会议决议、财务会计报告、会计账簿和财务审计报告;

(五)对本社理事长、理事、执行监事(监事长)、监事的工作提出质询、批评和建议;

(六)提议召开临时成员大会;

(七)提出书面退社申请,依照本章程规定程序退出本社;

(八)按照本章程规定向本社其他成员转让出资,成员账户内的出资额和公积金份额可依法继承;

(九)成员(代表)大会对拟除名成员表决前,拟被除名成员有陈述意见的机会;

(十)成员共同议决的其他权利。

第十五条 本社成员(代表)大会选举和表决,实行一人一票制,成员各享有一票基本表决权。

出资额占本社成员出资总额百分之＿＿以上或者与本社业务交易量(额)占本社总交易量(额)百分之＿＿以上的成员,在本社＿＿等事项【注:如设立或加入农民专业合作社联合社、重大财产处置、投资兴办经济实体、对外担保和生产经营活动中的其他事项】决策方面,最多享有＿＿票的附加表决权。【注:

可对每类事项规定享有附加表决权的成员条件及享有附加表决权的单个成员可能享有的附加表决权的票数。】本社成员附加表决权总票数，依法不得超过本社成员基本表决权总票数的百分之二十。享有附加表决权的成员及其享有的附加表决权数，在每次成员大会召开时告知出席会议的成员。

第十六条 本社成员承担下列义务：

（一）遵守本社章程和各项规章制度，执行成员（代表）大会和理事会的决议；

（二）按照章程规定向本社出资；

（三）积极参加本社各项业务活动，接受本社提供的技术指导，按照本社规定的质量标准和生产技术规程从事生产，履行与本社签订的业务合同，发扬互助协作精神，谋求共同发展；

（四）维护本社合法利益，爱护生产经营设施；

（五）不从事损害本社及成员共同利益的活动；

（六）不得以其对本社或者本社其他成员的债权，抵销已认购但尚未缴清的出资额；不得以已缴纳的出资，抵销其对本社或者本社其他成员的债务；

（七）承担本社的亏损；

（八）成员共同议决的其他义务。

第十七条 成员有下列情形之一的，终止其成员资格：

（一）要求退社的；

（二）丧失民事行为能力的；

（三）死亡的；

（四）企业、事业单位或社会组织成员破产、解散的；

（五）被本社除名的。

第十八条 成员要求退社的，须在会计年度终了的____个月前【注：不得低于三个月】向理事会提出书面声明，办理退社手续；其中，企业、事业单位或社会组织成员退社的，须在会计年度终了的____个月前【注：不得低于六个月】提出。退社成员的成员资格自该会计年度终了时终止。

第十九条 成员资格终止的，在完成该年度决算后____个月内【注：不应超过三个月】，退还记载在该成员账户内的出资额和公积金份额。如本社经营盈余，按照本章程规定返还其相应的盈余；如本社经营有亏损和债务，扣除其应分摊的亏损金额及债务金额。

成员在其资格终止前与本社已订立的业务合同应当继续履行【注：或依照退社时与本社的约定确定】。

第二十条 成员死亡的，其法定继承人符合法律及本章程规定的入社条件的，可以在____个月内向理事长或者理事会提出书面入社申请，经成员（代表）大会表决通过后，成为本社成员，办理入社手续，依法继承被继承人与本社的债权债务。成员大会或者成员代表大会不同意其法定继承人继承成员资格的，原成员资格因死亡而终止，其成员账户中记载的出资额、公积金份额由其继承人依《继承法》① 规定继承。

第二十一条 成员有下列情形之一的，经成员（代表）大会表决通过，予以除名：

（一）不遵守本社章程、成员（代表）大会的决议；

（二）严重危害其他成员及本社利益的；

（三）成员共同议决的其他情形。

成员（代表）大会表决前，允许被除名成员陈述意见。

第二十二条 被除名成员的成员资格自会计年度终了时终止。本社对被除名成员，退还记载在该成员账户内的出资额和公

---

① 《继承法》已废止，现为《中华人民共和国民法典》。

积金份额，结清其应承担的本社亏损及债务，返还其相应的盈余所得。因第二十一条第二项被除名的成员须对本社作出相应赔偿。

第三章 组织机构

第二十三条 成员大会是本社的最高权力机构，由全体成员组成。

成员大会行使下列职权：

（一）审议、修改本社章程和各项规章制度；

（二）选举和罢免理事长、理事、执行监事或者监事会成员；

（三）决定成员入社、退社、继承、除名、奖励、处分等事项；

（四）决定成员出资增加或者减少；

（五）审议本社的发展规划和年度业务经营计划；

（六）审议批准年度财务预算和决算方案；

（七）审议批准年度盈余分配方案和亏损处理方案；

（八）审议批准理事会、执行监事或者监事会提交的年度业务报告；

（九）决定重大财产处置、对外投资、对外担保和生产经营活动中的其他重大事项；

（十）对合并、分立、解散、清算以及设立、加入联合社等作出决议；

（十一）决定聘用经营管理人员和专业技术人员的数量、资格和任期；

（十二）听取理事长或者理事会关于成员变动情况的报告；

（十三）决定公积金的提取及使用；

（十四）决定是否设立成员代表大会；

（十五）决定其他重大事项。

第二十四条 本社成员超过一百五十人时，设立成员代表大会，成员代表人数一般为成员总人数的百分之十。本社成员代表为_____人。成员代表大会履行本章程第二十三条第____项至第____项规定的成员大会职权。成员代表任期____年，可以连选连任。【注：成员总数超过一百五十人的农民专业合作社可以根据自身发展的实际情况决定是否设立成员代表大会，成员代表最低人数为五十一人。】

第二十五条 本社每年召开____次成员大会【注：每年至少召开一次成员大会】，成员大会由____【注：理事长或者理事会】负责召集，并在成员大会召开之日前十五日向本社全体成员通报会议内容。

第二十六条 有下列情形之一的，本社在二十日内召开临时成员大会：

（一）百分之三十以上的成员提议；

（二）监事会【注：或者执行监事】提议；

（三）理事会提议；

（四）成员共同议决的其他情形。

理事长【注：或者理事会】不能履行或者在规定期限内没有正当理由不履行召集临时成员大会职责的，监事会【注：或者执行监事】在____日内召集并主持临时成员大会。

第二十七条 成员大会须有本社成员总数的三分之二以上出席方可召开。成员因故不能参加成员大会，可以书面委托其他成员代理发言、表决。一名成员最多只能代理_____名成员。

成员大会选举或者做出决议，须经本社成员表决权总数过半数通过；对修改本社章程，增加或者减少成员出资，合并、分立、解散，设立或加入联合社等重大事项做出决议的，须经本社成员表决权总数的三分之二以上通过【注：可以根据实际情况设置更高表决权比例】。

第二十八条 本社设理事长一名，为本社的法定代表人。理事长任期＿＿＿年，可连选连任。

理事长行使下列职权：

（一）主持成员大会，召集并主持理事会会议；

（二）签署本社成员出资证明；

（三）组织编制年度业务报告、盈余分配方案、亏损处理报告、财务会计报告；

（四）签署聘任或者解聘本社经理、财务会计人员和其他专业技术人员聘书；

（五）组织实施成员大会、成员代表大会和理事会决议，检查决议实施情况；

（六）代表本社签订合同等；

（七）代表本社参加其所加入的联合社的成员大会；

（八）履行成员大会授予的其他职权。

【注：不设理事会的理事长职权参照本条款及理事会职权】

第二十九条 本社设理事会，对成员大会负责，由＿＿＿名成员组成【注：理事会成员人数为单数，最少三人】，设副理事长＿＿＿＿人。理事会成员任期＿＿＿年，可连选连任。

理事会行使下列职权：

（一）召集成员（代表）大会并报告工作，执行成员（代表）大会决议；

（二）制订本社发展规划、年度业务经营计划、内部管理规章制度等，提交成员（代表）大会审议；

（三）制定年度财务预决算、盈余分配和亏损弥补等方案，提交成员（代表）大会审议；

（四）决定聘用经营管理人员和专业技术人员的报酬；

（五）组织开展成员培训和各种协作活动；

（六）管理本社的资产和财务，维护本社的财产安全；

（七）接受、答复、处理本社成员、监事会【注：或者执行监事】提出的有关质询和建议；

（八）接受入社申请，提交成员（代表）大会审议；

（九）决定聘任或者解聘本社经理、财务会计人员和其他专业技术人员；

（十）履行成员大会授予的其他职权。

第三十条 理事会会议的表决，实行一人一票。重大事项集体讨论，并经三分之二以上理事同意，方可形成决定，作成会议记录，出席会议的理事在会议记录上签名。理事个人对某项决议有不同意见时，其意见载入会议记录并签名。理事会会议可邀请监事长【注：或者执行监事】、经理和____名成员代表列席，列席者无表决权。

第三十一条 本社设执行监事一名，代表全体成员监督检查理事会和工作人员的工作。执行监事列席理事会会议，并对理事会决议事项提出质询或建议。【注：不设监事会的执行监事职权参照监事会职权】

第三十二条 本社设监事会，由____名监事组成【注：监事会成员人数为单数，最少三人】，设监事长一人，代表全体成员监督检查理事会和工作人员的工作。监事长和监事会成员任期____年，可连选连任。监事长列席理事会会议，并对理事会决议事项提出质询或建议。

监事会行使下列职权：

（一）监督理事会对成员大会决议和本社章程的执行情况；

（二）监督检查本社的生产经营业务情况，负责本社财务审核监察工作；

（三）监督理事长或者理事会成员和经理履行职责情况；

（四）向成员大会提出年度监察报告；

（五）向理事长或者理事会提出工作质询和改进工作的建议；

（六）提议召开临时成员大会；

（七）履行成员大会授予的其他职责。

第三十三条 监事会会议由监事长召集，会议决议以书面形式通知理事会。理事会在接到通知后＿＿日内就有关质询作出答复。

第三十四条 监事会会议的表决实行一人一票。监事会会议须有三分之二以上的监事出席方能召开，作成会议记录，出席会议的监事在会议记录上签名。重大事项的决议须经三分之二以上监事同意方能生效。监事个人对某项决议有不同意见时，其意见载入会议记录并签名。

第三十五条 本社经理由理事会【注：或者理事长】按照成员大会的决定聘任或者解聘，对理事会【注：或者理事长】负责，行使下列职权：

（一）主持本社的生产经营工作，组织实施理事会决议；

（二）组织实施年度生产经营计划和投资方案；

（三）拟订经营管理制度；

（四）聘任其他经营管理人员；

（五）理事会授予的其他职权。

本社理事长或者理事可以兼任经理。

第三十六条 本社现任理事长、理事、经理和财务会计人员不得兼任监事。

第三十七条 本社理事长、理事和管理人员不得有下列行为：

（一）侵占、挪用或者私分本社资产；

（二）违反章程规定或者未经成员大会同意，将本社资金借贷给他人或者以本社资产为他人提供担保；

（三）接受他人与本社交易的佣金归为己有；

（四）从事损害本社经济利益的其他活动；

（五）兼任业务性质相同的其他农民专业合作社的理事长、理事、监事、经理。

理事长、理事和管理人员违反前款第一项至第四项规定所得的收入，归本社所有；给本社造成损失的，须承担赔偿责任。

第四章　财务管理

第三十八条 本社实行独立的财务管理和会计核算，严格执行国务院财政部门制定的农民专业合作社财务会计制度。

第三十九条 本社依照有关法律、行政法规和政府有关主管部门的规定，建立健全财务和会计制度，实行财务定期公开制度，每月＿＿日【注；或者每季度第＿＿月＿＿日】向本社成员公开会计信息，接受成员的监督。

本社财务会计人员应当具备从事会计工作所需要的专业能力，会计和出纳互不兼任。理事会、监事会成员及其直系亲属不得担任本社的财务会计人员。

第四十条 本社与成员和非成员的交易实行分别核算。成员与本社的所有业务交易，实名记载于各该成员的成员账户中，作为按交易量（额）进行可分配盈余返还分配的依据。利用本社提供服务的非成员与本社的所有业务交易，实行单独记账。

第四十一条 会计年度终了时，由理事会【注：或者理事长】按照本章程规定，组织编制本社年度业务报告、盈余分配方案、亏损处理方案以及财务会计报告，于成员大会召开十五日前，置备于办公地点，供成员查阅并接受成员的质询。

第四十二条 本社资金来源包括以下几项：

（一）成员出资；

（二）每个会计年度从盈余中提取的公积金、公益金；

（三）未分配收益；

（四）国家财政补助资金；

（五）他人捐赠款；

（六）其他资金。

第四十三条 本社成员可以用货币出资，也可以用库房、加工设备、运输设备、农机具、农产品等实物、知识产权、土地经营权、林权等可以用货币估价并可以依法转让的非货币财产，以及____【注：如还有其他方式，请注明】等方式作价出资，但不得以劳务、信用、自然人姓名、商誉、特许经营权或者设定担保的财产等作价出资。成员以非货币方式出资的，由全体成员评估作价或由第三方机构评估作价、全体成员一致认可。

成员以家庭承包的土地经营权出资入社的，应当经承包农户全体成员同意。通过租赁方式取得土地经营权或者林权的，对合作社出资须取得原承包权人的书面同意。

第四十四条 本社成员认缴的出资额，须在____个月内缴清。

第四十五条 以货币方式出资的出资期限为____年，以非货币方式作价出资【注：注明具体出资方式，如以土地经营权作价出资】的出资期限为＿＿＿年。

第四十六条　以非货币方式作价出资的成员与以货币方式出资的成员享受同等权利，承担同等义务。

经理事会【注：或者理事长】审核，成员大会讨论通过，成员出资可以转让给本社其他成员。

本社成员不得【注：或者可以，根据实际情况选择】以其依法可以转让的出资设定担保。

第四十七条　为实现本社及全体成员的发展目标需要调整成员出资时，经成员大会讨论通过，形成决议，每个成员须按照成员大会决议的方式和金额调整成员出资。

第四十八条　本社从当年盈余中提取百分之＿＿＿的公积金，用于扩大生产经营、弥补亏损或者转为成员出资。

本社每年提取的公积金，按照成员与本社业务交易量（额）【注：或者出资额，也可以二者相结合】依比例量化为每个成员所有的份额。

第四十九条　本社从当年盈余中提取百分之＿＿＿的公益金，用于成员的技术培训、合作社知识教育以及文化、福利事业和生活上的互助互济。其中，用于成员技术培训与合作社知识教育的比例不少于公益金数额的百分之＿＿＿。

第五十条　本社接受的国家财政直接补助和他人捐赠，均按国务院财政部门制定的农民专业合作社财务会计制度规定的方法确定的金额入账，作为本社的资金（资产），按照规定用途和捐赠者意愿用于本社的发展。在解散、破产清算时，由国家财政直接补助形成的财产，不得作为可分配剩余资产分配给成员，处置办法按照国务院财政部门有关规定执行；接受他人的捐赠，与捐赠者另有约定的，按约定办法处置。

第五十一条 当年扣除生产经营和管理服务成本、弥补亏损、提取公积金和公益金后的可分配盈余,主要按照成员与本社的交易量(额)比例返还,经成员大会决议,按照下列顺序分配:

(一)按成员与本社的业务交易量(额)比例返还,返还总额不低于可分配盈余的百分之六十【注:依法不低于百分之六十,具体年度比例由成员大会讨论决定】;

(二)按前项规定返还后的剩余部分,以成员账户中记载的出资额和公积金份额,以及本社接受国家财政直接补助和他人捐赠形成的财产平均量化到成员的份额,按比例分配给本社成员,并记载在成员个人账户中。

第五十二条 经成员(代表)大会表决同意,可以将本社全部或部分可分配盈余转为成员对本社的出资,并记载在成员账户中。

第五十三条 本社如有亏损,经成员(代表)大会讨论通过,用公积金弥补,不足部分也可以用以后年度盈余弥补。

本社的债务用本社公积金或者盈余清偿,不足部分依照成员个人账户中记载的财产份额,按比例分担,但不超过成员账户中记载的出资额和公积金份额。

第五十四条 监事会【注:或者执行监事】负责本社的日常财务审核监督。根据成员(代表)大会【注:或者理事会】的决定【注:或者监事会的要求】,本社委托_____【注:列明被委托机构的具体名称,该机构应系具有相关资质的社会中介机构】对本社财务进行年度审计、专项审计和换届、离任审计。

第五章 合并、分立、解散和清算

第五十五条 本社与他社合并,须经成员大会决议,自合并决议作出之日起十日内通知债权人。合并后的债权、债务由合并后存续或者新设的农民专业合作社承继。

第五十六条 本社分立，须经成员大会决议，本社的财产作相应分割，并自分立决议作出之日起十日内通知债权人。分立前的债务由分立后的组织承担连带责任。但是，在分立前与债权人就债务清偿达成的书面协议另有约定的除外。

第五十七条 本社因下列原因解散：

（一）因成员变更低于法定人数或比例，自事由发生之日起六个月内仍未达到法定人数或比例；

（二）成员大会决议解散；

（三）本社分立或者与其他农民专业合作社合并后需要解散；

（四）因不可抗力致使本社无法继续经营；

（五）依法被吊销营业执照或者被撤销登记；

（六）成员共同议决的其他情形。

第五十八条 本社因第五十七条第一项、第二项、第四项、第五项、第六项情形解散的，在解散情形发生之日起十五日内，由成员大会推举____名成员组成清算组接管本社，开始解散清算。逾期未能组成清算组时，成员、债权人可以向人民法院申请指定成员组成清算组进行清算。

第五十九条 清算组负责处理与清算有关未了结业务，清理本社的财产和债权、债务，制定清偿方案，分配清偿债务后的剩余财产，代表本社参与诉讼、仲裁或者其他法律程序，并在清算结束后____日内向成员公布清算情况，向登记机关办理注销登记。

第六十条 清算组自成立起十日内通知成员和债权人，并于六十日内在报纸上公告。

第六十一条 本社财产优先支付清算费用和共益债务后,按下列顺序清偿:

(一)与农民成员已发生交易所欠款项;

(二)所欠员工的工资及社会保险费用;

(三)所欠税款;

(四)所欠其他债务;

(五)归还成员出资、公积金;

(六)按清算方案分配剩余财产。

清算方案须经成员大会通过或者申请人民法院确认后实施。本社财产不足以清偿债务时,依法向人民法院申请破产。

第六章 附 则

第六十二条 本社需要向成员公告的事项,采取＿＿＿＿＿方式发布,需要向社会公告的事项,采取＿＿＿＿＿方式发布。

第六十三条 本章程由设立大会表决通过,全体设立人签字后生效。

第六十四条 修改本章程,须经半数以上成员或者理事会提出,理事会【注:或者理事长】负责修订。

第六十五条 本章程如有附录(如成员出资列表),附录为本章程的组成部分。

全体设立人签名、盖章:

（四）法定代表人、理事的任职文件及身份证明

法定代表人、理事的任职文件及身份证明，如表2-3、表2-4所示。

表2-3　任命书

任　命　书
根据本社设立大会决议，任命＿＿＿＿为本社法定代表人。任命＿＿＿＿为本社理事会理事。 　　　　　　　　　　　　　　　　　　　　设立人签名（盖章）： 　　　　　　　　　　　　　　　　　　　　　　　　年　　月　　日

表2-4　身份证明

姓名		联系电话	
现住所		邮政编码	
居民身份证号码			
（身份证复印件粘贴处）			
《中华人民共和国农民专业合作社法》第三十七条规定："农民专业合作社的理事长、理事、经理不得兼任业务性质相同的其他农民专业合作社的理事长、理事、监事、经理。"第三十八条规定："执行与农民专业合作社业务有关公务的人员，不得担任农民专业合作社的理事长、理事、监事、经理或者财务会计人员。" 　　本人符合《中华人民共和国农民专业合作社法》第三十七条、第三十八条的规定，并对此承诺的真实性承担责任。 　　　　　　　　　　　　　　　　　　　　　　　　签字（盖章）： 　　　　　　　　　　　　　　　　　　　　　　　　年　　月　　日			

（五）出资成员签名、盖章的出资清单

只要有出资成员签名、盖章即可，无需其他机构的验资证

明。出资清单格式如表 2-5 所示。

表 2-5　出资清单

序号	项目			
	出资成员姓名或名称	出资方式	出资额（元）	出资成员签名或盖章

成员出资总额：_____（元）　　　　　　　法定代表人签名：

　　　　　　　　　　　　　　　　　　　　　　　年　　月　　日

填写农民专业合作社成员出资清单须知。

（1）出资方式：农民专业合作社成员以货币作为出资的填写"货币"；以实物、知识产权等可以用货币估价并可以依法转让的非货币财产作为出资的，填写非货币财产的具体种类，如房屋、农业机械、注册商标等。

（2）出资额是成员以货币出资的数额，或者成员以非货币财产出资由全体成员评估作价的货币数额。

（3）出资成员是自然人的由其签名，是单位的由其盖章。单位盖章可以加盖在出资清单的空白处。

（4）因出资成员多出资清单写不下的，可另备页面载明。

（5）应当使用钢笔、毛笔或签字笔工整地填写表格和签名。

(六) 住所使用证明

农民专业合作社以成员自有场所作为住所的,应当提交该社有权使用的证明和场所的产权证明;租用他人场所的,应当提交租赁协议和场所的产权证明;因场所在农村没有房管部门颁发的产权证明的,可提交场所所在地村委会出具的证明。

(七) 法律、行政法规规定的其他文件

法律、行政法规规定的其他文件,如指定代表或委托代理人的证明、农民专业合作社名称预先核准申请表等。此外,农民专业合作社的业务范围有属于法律、行政法规或者国务院规定在登记前须经批准的项目的,如农药生产经营、种畜禽生产经营等,应当提交有关批准文件。

二、领取营业执照

登记机关应当自受理登记申请之日起二十日内办理完毕,向符合登记条件的申请者颁发营业执照,登记类型为农民专业合作社。申请者可以按照相应的日期领取营业执照。

三、刻印公章

农民专业合作社营业执照下发后,到公安机关(或行政许可大厅公安特许窗口),提交农民专业合作社法人营业执照复印件、法人代表身份证复印件、经办人身份证复印件等材料后刻印公章。目前专业合作社需要的公章有行政章、财务专用章、法人代表章共三枚。

四、银行开户

公章刻印后,到任意一家商业银行(一般是农村信用社或农业银行),依据《人民币银行结算银行账户管理办法》提交合作

社法人营业执照及其复印件、法定代表人的身份证及其复印件、经办人员身份证明原件、相关授权文件办理账号和账户，以及电子结算密钥等。

五、政府机关备案

办理完银行手续后，需要到所在地乡镇政府的农业经济办公室办理登记，登记时需要携带营业执照、合作社简介（简介注明：理事长名字、电话、合作社办公地址、邮箱）等资料。最后要到市场监督管理部门备案，备案时需要提交法人营业执照复印件、组织机构代码证书复印件、农民专业合作社法人代表身份证复印件、税务登记证正副本复印件等资料。

第三节　农民专业合作社联合社的组建

一、农民专业合作社联合社概述

（一）什么是农民专业合作社联合社

农民专业合作社联合社是指三个以上的农民专业合作社，在自愿的基础上，依照《中华人民共和国农民专业合作社法》登记出资联合成立的经济组织。

农民专业合作社联合社可取得法人资格，领取营业执照，登记类型为农民专业合作社联合社。

（二）农民专业合作社联合社的类型

1. 生产型农民专业合作社联合社

生产型农民专业合作社联合社是立足于某一类农产品生产，通过联合更多的农民专业合作社迅速扩大规模来达到减少生产成本、提高经营效益的一种生产者联盟。

生产型农民专业合作社联合社一般具有以下特点：主要生产某地区的某一种名、特、优农产品；积极吸纳相同产品的合作社加入，以尽快达到一定的生产规模，获得规模经济；着重提高生产的标准化、机械化、现代化水平，并尝试开展初加工、直供直销等业务，向产业链上下游延伸；需要经营实力突出、声誉较好的合作社牵头和政府有关部门的支持。

2. 营销型农民专业合作社联合社

营销型农民专业合作社联合社的主要经营领域为农产品产后流通及销售。通过联合不同种类的农民专业合作社来提高产品的多样性，实现供给稳定和销售盈利的一种产加销同盟。此类联合社是种植蔬菜、水果合作社组建联合社的主要方式，也是当前联合社发展的主要类型。

销售型农民专业合作社联合社一般具有以下特点：主要从事蔬菜、水果和其他农产品的生产、粗加工和销售，靠近终端消费市场；大力发挥核心成员社的带动作用，与其他合作社开展深度、广度不同的业务协调；积极通过"农社对接"等方式稳固销售渠道，努力把成员合作社的产品以更少环节、更优价格销售出去；注重培育联合品牌，将成员合作社的农产品细分并进行差异化营销。

3. 产业链型农民专业合作社联合社

产业链型农民专业合作社联合社也可称为一体化联合社，是以农业企业牵头的农民专业合作社为核心，以产业链协作为手段，以提高链条整体的市场响应能力和盈利水平为目的的纵向一体化联合。

产业链型农民专业合作社联合社具有以下特点：生产技术、管理方法、销售渠道等依托农业企业，企业牵头成立的合作社是组织核心；企业一般是农资生产商或农产品加工销售商，需要用产业链上下游延伸来稳定农资销售或原料收购；产业链整体协作紧密，企业一般会派出专人协助生产运营，并提供原料、技术、销售等服务。

4. 综合型农民专业合作社联合社

综合型农民专业合作社联合社是以生产、生活社会化服务为纽带，以增强社区成员联系、提高区域经济活力为目标，通过资源整合而实现的一种区域性联合。与前面三种联合社类型相比，综合型联合社既具有经济功能，也具有社会功能。

综合型农民专业合作社联合社的特点是：植根于传统农村社区，成员分布的地域性很强，多以县、乡（镇）为边界；成员以本地区的各类合作社为主，并广泛吸纳农户、农业企业等的加入；服务内容和形式灵活多样，经营范围会根据自身需要、社区需求和市场情况不断拓展；成员主要从联合社获得各类服务，而很少与联合社发生交易。

(三) 发展农民专业合作社联合社的意义

随着我国农民专业合作社数量的不断发展壮大，农民专业合作社联合社的成立与发展逐渐具备了成员基础，走向联合成为农民专业合作社发展的必然趋势。发展农民专业合作社联合社的意义表现在如下方面。

（1）联合社可以扩大生产、销售规模，节约交易成本和费用，争得交易价格上的优惠，争取对外谈判的主动，让社员获得更多的经济实惠。

（2）联合社可以解决单个合作社难解决的问题，满足社员对服务的多样化需求，如开展信用合作，实现资金互助功能。

（3）联合社可以有效避免恶性竞争，在一些地区和一些产业的问题上，携手联合，实现二次合作。

二、组建农民专业合作社联合社

(一) 联合社组建的条件

农民专业合作社联合社与农民专业合作社类似，应当有自己的名称、组织机构和住所，有联合社全体成员制定并承认的章程，以及符合章程规定的成员出资。

(二) 联合社依法取得法人资格

《农民专业合作社法》第五十七条指出："农民专业合作社联合社依照本法登记，取得法人资格，领取营业执照，登记类型为农民专业合作社联合社。"第五十八条指出："农民专业合作社联合社以其全部财产对该社的债务承担责任；农民专业合作社联合社的成员以其出资额为限对农民专业合作社联合社承担责任。"因此，农民专业合作社联合社经登记可以取得法人资格，以自己的财产对外承担责任，成员以其出资额承担有限责任。

(三) 联合社组建的流程

组建农民专业合作社联合社一般由某一行政区域内性质相同、联系较多、有联合需要和联合协议的，三个以上的农民专业合作社发出组建倡议，组建程序与合作社的设立程序基本相同，成员以每一个合作社为单位，同样需要登记、注册和备案。

2018年12月，农业农村部发布了《农民专业合作社联合社示范章程》，为广大农民专业合作社联合社制定符合法律要求和自身特点的章程提供了参照和遵循。示范章程如下。

农民专业合作社联合社示范章程

本示范章程中的【 】内文字为解释性规定。农民专业合作社联合社在遵守有关法律法规的前提下，可根据自身实际情况，参照本示范章程制订和修订本社章程。

专业合作社联合社章程

【____年____月____日召开设立大会，由全体设立人一致通过。____年____月____日召开成员大会第____次修订通过。】

第一章 总 则

第一条 为促进本社规范运行和持续发展，保护本社及成员社的合法权益，增加成员社收入，增进成员社成员福利，依照《中华人民共和国农民专业合作社法》和有关法律、法规、政策，制定本章程。

第二条 本社由_____【注：列出全部发起人名称】等____个【注：三个以上】农民专业合作社发起，于____年____月____日召开设立大会。

本社名称：_____专业合作社联合社，成员出资总额____元，其中货币出资额____元，非货币出资额____元【注：如有非货币出资请按具体出资内容分别注明，如以土地经营权作价出资＊＊元】。

单个成员社出资占比不得超过本社成员出资总额的百分之____。

本社法定代表人：____【注：理事长姓名】。

本社住所：____，邮政编码：____。

第三条 本社成员均为农民专业合作社。本社以服务成员社、谋求全体成员社的共同利益为宗旨。成员入社自愿，退社自由，地位平等，民主管理，实行自主经营，自负盈亏，利益共享、风险共担，可分配盈余主要按照成员社与本社的交易量（额）比例返还。

第四条 本社成立的目的是扩大生产经营和服务规模，发展产业化经营，提高市场竞争力，不影响成员社依法享有的独立的经营权。本社以成员社为主要服务对象，依法开展以下业务：

（一）农业生产资料的购买、使用；

（二）农产品生产、销售、加工、运输、贮藏及其他相关服务；

（三）农村民间工艺及制品、休闲农业和乡村旅游资源的开发经营；

（四）与农业生产经营有关的技术、信息、设施建设运营等服务。

【注：根据实际情况填写，业务内容应与市场监督管理部门颁发的农民专业合作社联合社法人营业执照规定的业务范围一致。】

第五条 经成员大会表决通过，本社依法向公司等企业投资；依法投资兴办____公司。

第六条 经成员大会讨论并决议通过，本社可以接受与本社业务有关的单位委托，办理代购代销、代理记账等服务；可以向政府有关部门申请或者接受政府有关部门委托，组织实施国家支持发展农业和农村经济的建设项目；可以按决定的数额和方式参加社会公益捐赠。

第七条 本社及全体成员社遵守法律、社会公德、商业道德，诚实守信，依法开展生产经营活动。本社不从事与本章程规定无关的活动。

第八条 本社对由成员出资、公积金、国家财政直接补助、他人捐赠以及合法取得的其他资产所形成的财产，享有占有、使用和处分的权利，并以上述全部财产对本社的债务承担责任。

第九条 本社为每个成员社设立成员账户，主要记载该成员社的出资额、量化为该成员社的公积金份额以及该成员社与本社的交易量（额）。

成员社以其成员账户内记载的出资额为限对本社承担责任。

第二章　成　员

第十条 依照农民专业合作社法登记，取得农民专业合作社法人资格，从事____【注：业务范围内的主业农副产品名称】生产经营，能够利用并接受本社提供的服务，承认并遵守本章程，履行本章程规定的入社手续的农民专业合作社，可申请成为本社成员。【注：农民专业合作社联合社章程可自主确定入社成员的生产经营规模或经营服务能力等其他条件】

第十一条 凡符合第十条规定，向本社理事长【注：或者理事会】提交书面入社申请，经成员大会表决通过后，即成为本社成员。

第十二条 本社向成员社颁发成员证书，并载明成员社的出资额。成员证书同时加盖本社财务印章和理事长印鉴。

第十三条 本社成员社享有下列权利：

（一）参加成员大会，并享有表决权、选举权和被选举权，按照本章程规定对本社实行民主管理；

（二）利用本社提供的服务和生产经营设施；

（三）按照本章程规定分享盈余；

（四）查阅本社的章程、成员名册、成员大会记录、理事会会议决议、监事会会议决议、财务会计报告、会计账簿和财务审计报告；

（五）对本社理事长、理事、监事长、监事的工作提出质询、批评和建议；

（六）提议召开临时成员大会；

（七）提出书面退社声明，依照本章程规定程序退出本社；

（八）向本社其他成员社转让全部或部分出资；

（九）成员大会对拟除名成员表决前，拟被除名成员有陈述意见的机会；

（十）成员社共同议决的其他权利。

第十四条 本社成员社承担下列义务：

（一）遵守本社章程和各项规章制度，执行成员大会和理事会的决议；

（二）按照本章程规定向本社出资；

（三）积极参加本社各项业务活动，接受本社提供的技术指导，按照本社规定的质量标准和生产技术规程从事生产，履行与本社签订的业务合同，发扬互助协作精神，谋求共同发展；

（四）维护本社合法利益，爱护生产经营设施；

（五）不从事损害本社成员社共同利益的活动；

（六）不得以其对本社或者本社其他成员社的债权，抵销已认购但尚未缴清的出资额；不得以已缴纳的出资，抵销其对本社或者本社其他成员社的债务；

（七）承担本社的亏损；

（八）成员社共同议决的其他义务。

第十五条 成员社有下列情形之一的，终止其成员资格：

（一）要求退社的；

（二）成员社破产、解散的；

（三）被本社除名的。

第十六条 成员社要求退社的，须在会计年度终了____个月前【注：不得低于六个月】向理事会提出书面声明，办理退社手续。退社成员的成员资格自该会计年度终了时终止。

第十七条 成员资格终止的，在完成该年度决算后＿＿个月内【注：不应超过三个月】，退还记载在该成员账户内的出资额和公积金份额。如本社经营盈余，按照本章程规定返还其相应的盈余所得；如经营亏损，扣除其应分摊的亏损金额及债务金额。

成员社在其资格终止前与本社已订立的业务合同应当继续履行【注：或依照退社时与本社的约定确定】。

第十八条 成员社有下列情形之一的，经成员大会表决通过，予以除名：

（一）不遵守本章程、成员大会决议的；

（二）严重危害其他成员社及本社利益的；

（三）成员社共同议决的其他情形。

成员大会表决前，允许被除名成员社陈述意见。

第十九条 被除名成员社的成员资格自会计年度终了时终止。本社对被除名成员社，退还记载在该成员账户内的出资额和公积金份额，结清其应承担的本社亏损及债务，返还其相应的盈余所得。因第十八条第二项被除名的成员社须对本社作出相应赔偿。

第三章　组织机构

第二十条 成员大会是本社的最高权力机构，由全体成员社组成。

成员大会行使下列职权：

（一）审议、修改本社章程和各项规章制度；

（二）选举和罢免理事长、理事、执行监事【注：或者监事长、监事】；

（三）决定成员入社、除名等事项；

（四）决定成员出资增加或者减少；

（五）审议本社的发展规划和年度业务经营计划；

（六）审议批准年度财务预算和决算方案；

（七）审议批准年度盈余分配方案和亏损处理方案；

（八）审议批准理事会【注：或者理事长】、监事会【注：或者执行监事】提交的年度业务报告；

（九）决定重大财产处置、对外投资、对外担保和生产经营活动中的其他重大事项；

（十）对合并、分立、解散、清算等作出决议；

（十一）决定聘用经营管理人员和专业技术人员的数量、资格和任期；

（十二）听取理事会【注：或者理事长】关于成员社变动情况的报告；

（十三）决定公积金的提取及使用；

（十四）决定其他重大事项。

第二十一条　本社每年召开____次成员大会【注：至少于会计年度末召开一次】。成员大会由理事会【注：或者理事长】负责召集，并在成员大会召开之日前十五日向全体成员社通报会议内容。

第二十二条　有下列情形之一的，本社在二十日内召开临时成员大会：

（一）百分之三十以上的成员社提议；

（二）监事会【注：或者执行监事】提议；

（三）理事会提议；

（四）成员社共同议决的其他情形。

理事会【注：或者理事长】不能履行或者在规定期限内没

有正当理由不履行职责召集临时成员大会的，监事会【注：或者执行监事】在____日内召集并主持临时成员大会。

第二十三条　本社成员大会选举和表决，实行一社一票，成员社各享有一票表决权。

第二十四条　成员大会须有本社成员社总数的三分之二以上出席方可召开。成员社因故不能参加成员大会，可以书面委托其他成员社代理发言和表决。一个成员社最多只能代理____个成员社表决。

成员大会选举或者做出决议，须经本社成员社表决权总数过半数通过；对修改本社章程，增加或者减少成员出资，合并、分立、解散等重大事项做出决议的，须经成员社表决权总数三分之二以上通过。【注：可以根据实际情况设置更高表决权比例】

第二十五条　本社设理事长一名，为本社的法定代表人。理事长从成员社选派的理事候选人中产生，任期____年，可连选连任。

理事长行使下列职权：

（一）主持成员大会，召集并主持理事会会议；

（二）签署本社成员出资证明；

（三）签署聘任或者解聘本社经理、财务会计人员聘书；

（四）组织实施成员大会和理事会决议，检查决议实施情况；

（五）代表本社签订合同等；

（六）履行成员大会授予的其他职权。

【注：不设理事会的理事长职权参照本条款及理事会职权】

第二十六条　本社设理事会，对成员大会负责，由____名理事组成【注：理事会成员人数为单数，最少三人】，设副理事长

____名。理事任期____年，可连选连任。本社理事从成员社选派的理事候选人中产生。

理事会行使下列职权：

（一）组织召开成员大会并报告工作，执行成员大会决议；

（二）制订本社发展规划、年度业务经营计划、内部管理规章制度等，提交成员大会审议；

（三）制订年度财务预决算、盈余分配和亏损弥补等方案，提交成员大会审议；

（四）组织开展成员社培训和各种协作活动；

（五）管理本社的资产和财务，维护本社的财产安全；

（六）接受、答复、处理本社成员社、监事会【注：或者执行监事】提出的有关质询和建议；

（七）接受入社申请，提交成员大会审议；

（八）决定成员退社、奖励、处分等事项；

（九）决定聘任或者解聘本社经理、财务会计人员；

（十）履行成员大会授予的其他职权。

第二十七条　理事会会议的表决，实行一人一票。重大事项集体讨论，并经三分之二以上理事同意，方可形成决定，作成会议记录，出席会议的理事在会议记录上签名。理事个人对某项决议有不同意见时，其意见记入会议记录并签名。理事会会议邀请监事长【注：或者执行监事】、经理和____名成员社代表列席，列席者无表决权。

第二十八条　本社设执行监事一名，代表全体成员社监督检查理事会【注：或者理事长】和工作人员的工作。执行监事列席理事会会议，并对理事会决议事项提出质询和建议。执行监事从成员社选派的监事候选人中产生。

【注：不设监事会的执行监事职权参照监事会职权】

第二十九条 本社设监事会，由＿＿名监事组成【注：监事会成员人数为单数，最少三人】，设监事长一名，代表全体成员社监督检查理事会【注：或者理事长】和工作人员的工作。监事长和监事会成员任期＿＿年，可连选连任。监事长列席理事会会议，并对理事会决议事项提出质询和建议。监事从成员社选派的监事候选人中产生。

监事会行使下列职权：

（一）监督理事会对成员大会决议和本社章程的执行情况；

（二）监督检查本社的生产经营业务情况，负责本社财务审核监察工作；

（三）监督理事会成员【注：或者理事长】和经理履行职责情况；

（四）向成员大会提出年度监察报告；

（五）向理事会【注：或者理事长】提出工作质询和改进工作的建议；

（六）提议召开临时成员大会；

（七）履行成员大会授予的其他职责。

第三十条 监事会会议由监事长召集，会议决议以书面形式通知理事会【注：或者理事长】。理事会【注：或者理事长】在接到通知后＿＿日内就有关质询作出答复。

第三十一条 监事会会议的表决实行一人一票。监事会会议须有三分之二以上的监事出席方能召开。重大事项的决议须经三分之二以上监事同意方能生效。监事个人对某项决议有不同意见时，其意见记入会议记录并签名。

第三十二条 本社经理由理事会【注：或者理事长】按照成员大会的决定聘任或者解聘，对理事会【注：或者理事长】负责，行使下列职权：

（一）主持本社的生产经营工作，组织实施理事会决议；

（二）组织实施年度生产经营计划和投资方案；

（三）拟订经营管理制度；

（四）聘任其他经营管理人员；

（五）理事会授予的其他职权。

本社理事长或者理事可以兼任经理。

第三十三条　本社现任理事长、理事、经理和财务会计人员不得兼任监事。

第三十四条　本社理事长、理事和管理人员不得有下列行为：

（一）侵占、挪用或者私分本社资产；

（二）违反本章程规定或者未经成员大会同意，将本社资金借贷给他人或者以本社资产为他人提供担保；

（三）接受他人与本社交易的佣金归己有；

（四）从事损害本社经济利益的其他活动；

（五）兼任业务性质相同的其他农民专业合作社联合社的理事长、理事、监事、经理。

理事长、理事和管理人员违反第一项至第四项规定所得的收入，归本社所有；给本社造成损失的，须承担赔偿责任。

第四章　财务管理

第三十五条　本社实行独立的财务管理和会计核算，严格执行国务院财政部门制定的农民专业合作社财务会计制度。

第三十六条　本社依照有关法律、行政法规和政府有关主管部门的规定，建立健全财务和会计制度，实行财务定期公开制度，每月＿＿＿日【注：或者每季度第＿＿＿月＿＿＿日】向本社成员社公开会计信息，接受成员社的监督。

本社财务会计人员应当具备从事会计工作所需要的专业能力，会计和出纳互不兼任。理事会【注：或者理事长】、监事会成员【注：或者执行监事】及其直系亲属不得担任本社的财务会计人员。

第三十七条 本社与成员社和非成员的交易实行分别核算。成员社与本社的所有业务交易，实名记载于各该成员社的成员账户中，作为按交易量（额）进行可分配盈余返还分配的依据。利用本社提供服务的非成员与本社的所有业务交易，实行单独记账。

第三十八条 会计年度终了时，由理事会【注：或者理事长】按照本章程规定，组织编制本社年度业务报告、盈余分配方案、亏损处理方案以及财务会计报告，于成员大会召开十五日前，置备于办公地点，供成员社查阅并接受成员社的质询。

第三十九条 本社资金来源包括以下几项：

（一）成员出资；

（二）每个会计年度从盈余中提取的公积金、公益金；

（三）未分配收益；

（四）国家财政补助资金；

（五）他人捐赠款；

（六）其他资金。

第四十条 本社成员社可以用货币出资，也可以用库房、加工设备、运输设备、农机具、农产品等实物，知识产权、土地经营权、林权等可以用货币估价并可以依法转让的非货币财产，以及____【注：如还有其他方式，请注明】等方式作价出资，但不得以劳务、信用、自然人姓名、商誉、特许经营权或者设定担保的财产等作价出资。成员社以非货币方式出资的，由全体成员社评估作价或委托第三方机构评估作价、全体成员社一致认可。

以土地经营权作价出资的成员社应当经所在社成员（代表）大会讨论通过。通过租赁方式取得土地经营权或者林权的，对农民专业合作社联合社出资须取得原承包权人的书面同意。

第四十一条 本社成员社认缴的出资额，须在＿＿个月内缴清。

第四十二条 以非货币方式作价出资的成员社与以货币方式出资的成员社享受同等权利，承担同等义务。

经理事会【注：或者理事长】审核，成员大会表决通过，本社成员社可以向本社其他成员社转让全部或者部分出资。

本社成员社不得【注：或者可以，根据实际情况选择】以其依法可以转让的出资设定担保。

第四十三条 为实现本社及全体成员社的发展目标需要调整成员出资时，经成员大会表决通过，形成决议，每个成员社须按照成员大会决议的方式和金额调整成员出资。

第四十四条 本社从当年盈余中提取百分之＿＿的公积金，用于扩大生产经营、弥补亏损或者转为成员出资。

本社每年提取的公积金，按照成员社与本社交易量（额）【注：或者出资额，也可以二者相结合】依比例量化为每个成员社所有的份额。

第四十五条 本社从当年盈余中提取百分之＿＿的公益金，用于成员社的技术培训、合作社知识教育，以及文化、福利事业和生活上的互助互济。其中，用于成员社技术培训与合作社知识教育的比例不少于公益金数额的百分之＿＿。

第四十六条 本社接受的国家财政直接补助和他人捐赠，均按国务院财政部门制定的农民专业合作社财务会计制度规定的方法确定的金额入账，作为本社的资金（资产），按照规定用途和捐赠者意愿用于本社的发展。在解散、破产清算时，由国家财政直接补助形成的财产，不得作为可分配剩余资产分配给成员社，处置办法按照国务院财政部门有关规定执行；接受他人的捐赠，与捐赠者另有约定的，按约定办法处置。

第四十七条　当年扣除生产经营和管理服务成本，弥补亏损、提取公积金和公益金后的可分配盈余，主要按成员社与本社的交易量（额）比例返还。

可分配盈余按成员社与本社交易量（额）返还后，如有剩余，剩余部分按照____进行分配。【注：可根据实际情况进行规定】经本社成员大会表决通过，可以将本社全部【注：或者部分】可分配盈余转为成员社对本社的出资，并记载在成员账户中。

第四十八条　本社如有亏损，经成员大会表决通过，用公积金弥补，不足部分也可以用以后年度盈余弥补。

本社的债务用本社公积金或者盈余清偿，不足部分依照成员账户中记载的财产份额，按比例分担，但不超过成员账户中记载的出资额和公积金份额。

第四十九条　监事会【注：或者执行监事】负责本社的日常财务审核监督。根据成员大会【注：或者理事会】的决定【注：或者监事会的要求】，本社委托____【注：列明被委托机构的具体名称，该机构应系具有相关资质的社会中介机构】对本社的财务进行年度审计、专项审计和换届、离任审计。

第五章　合并、分立、解散和清算

第五十条　本社与其他农民专业合作社联合社合并，须经成员大会决议，自合并决议作出之日起十日内通知债权人。合并后的债权、债务由合并后存续或者新设的农民专业合作社联合社承继。

第五十一条 本社分立，经成员大会决议，本社的财产作相应分割，并自分立决议作出之日起十日内通知债权人。分立前的债务由分立后的组织承担连带责任。但是，在分立前与债权人就债务清偿达成的书面协议另有约定的除外。

第五十二条 本社因下列原因解散：

（一）因成员社变更导致成员社数量低于法定个数，自事由发生之日起六个月内仍未达到法定个数；

（二）成员大会决议解散；

（三）本社分立或者与其他农民专业合作社联合社合并后需要解散；

（四）因不可抗力致使本社无法继续经营；

（五）依法被吊销营业执照或者被撤销登记；

（六）成员社共同议决的其他情形。

第五十三条 本社因第五十二条第一项、第二项、第四项、第五项、第六项情形解散的，在解散情形发生之日起十五日内，由成员大会推举____名成员社所属人员组成清算组接管本社，开始解散清算。逾期未能组成清算组时，成员社、债权人可以向人民法院申请指定成员社所属人员组成的清算组进行清算。

第五十四条 清算组负责处理与清算有关未了结业务，清理本社的财产和债权、债务，制定清偿方案，分配清偿债务后的剩余财产，代表本社参与诉讼、仲裁或者其他法律程序，并在清算结束后____日内向成员社公布清算情况，向登记机关办理注销登记。

第五十五条 清算组自成立起十日内通知成员社和债权人，

并于六十日内在报纸上公告。

第五十六条 本社财产优先支付清算费用和共益债务后，按下列顺序清偿：

（一）与成员社已发生交易所欠款项；

（二）所欠员工的工资及社会保险费用；

（三）所欠税款；

（四）所欠其他债务；

（五）归还成员出资、公积金；

（六）按清算方案分配剩余财产。

清算方案须经成员大会通过或者申请人民法院确认后实施。本社财产不足以清偿债务时，依法向人民法院申请破产。

第六章　附　则

第五十七条 本社需要向成员社公告的事项，采取____方式发布，需要向社会公告的事项，采取____公告方式发布。

第五十八条 本章程由设立大会表决通过，全体设立人盖章（成员社法定代表人签字）后生效。

第五十九条 修改本章程，须经半数以上成员社或者理事会提出，理事会【注：或者理事长】负责修订。

第六十条 本章程如有附录（如成员社出资列表），附录为本章程的组成部分。

全体设立人盖章、签名【注：成员社法定代表人签字】：

第三章 农民专业合作社的合并、分立、解散和清算

第一节 农民专业合作社的合并

一、农民专业合作社合并的概念

农民专业合作社合并是指两个或者两个以上的农民专业合作社通过订立合并协议，合并为一个农民专业合作社的法律行为。一般是为了某种共同的经营目的，如扩大生产经营规模，更好地为成员服务，开发服务项目等，合并组成一个社的情形。

二、农民专业合作社合并的类型

农民专业合作社合并根据形式可分为两类：一是创设式合并，指两个以上的社归并组成一个新社，而原有的社归于消灭的合并方式；二是吸收式合并，指一个以上的社归并于其他社，归并后只有一个社存续、被归并社均告消灭的合并方式。

三、农民专业合作社合并的程序

农民专业合作社合并不仅涉及全体成员的利益，而且涉及债权人等相关者的利益，因此，合作社合并必须依照法定程序进行。

(一) 订立合并协议

参与合并的合作社各方，通常先由理事会代表各自的合作社签订合并协议。由于合作社合并须经成员大会特别决议方能进行，故理事会代表各自合作社签订的合并协议未经各自成员大会以特别决议方式通过是不能生效的。因此，这种合并协议是附条件协议，协议中必须明确：协议未经各自合作社成员大会决议通过，不发生法律效力。

(二) 通过合并协议

理事会代表各自合作社签订的合并协议，须经各自合作社成员大会以特别决议方式通过，方能发生法律效力。但需要明确几点：其一，如果合并的结果加重了成员的责任，例如，提高了每股金额等等，那么，未经成员本人同意，对其不产生约束力；其二，对合并协议持有异议的成员，可以退出原合作社；其三，若参与合并的合作社有一方成员大会对合并协议决议不通过，除非有特别约定，否则原各方签订的合并协议即归无效。

(三) 编制资产负债表与财产清单

合并协议经各自成员大会决议通过后，参与合并的各方即应编制资产负债表与财产清单，并经审计部门审计确认。这些资产负债表、财产清单及审计部门出具的审计报告应当备置于合作社，以供合作社成员及其债权人查阅。

(四) 通知债权人

合作社进行生产经营，不可避免地会对外产生债权、债务。合作社合并后，至少有一个合作社丧失法人资格，而且存续或者新设的合作社也与以前的合作社不同，对于合作社合并前的债权、债务，必须要有人承继。为了保护债权人的利益，《农民专业合作社法》第四十六条规定，农民专业合作社合并，应当自合并决议作出之日起十日内通知债权人。合并各方的债权、债务应当由合并后存续或者新设的组织承继。

（五）实施合并

合并协议经参与合并各方成员大会决议通过后即发生法律效力，但是，合并协议发生法律效力并不等于参与合并的各方已经合并。参与合并的各合作社必须经过特定的合并行为，方能完成合并。在吸收合并中，消灭的合作社的成员应当办理加入存续合作社手续，并应当迅速召集合并之后的成员大会，报告合并事项，有修改合作社章程必要的，应当进行修改。召开成员大会后，参与合并的各方合作社应当被视为已经合并。在新设合并中，应当推选专人起草合作社章程，召开创立大会，在创立大会完成后，参与合并的各方合作社应当被视为已经合并。

（六）合并登记

合作社合并后，应当及时申请登记。登记包括三种情况：其一，合并后存续的合作社，应当申请办理变更登记；其二，合并后消灭的合作社，应当申请办理注销登记；其三，合并后新设的合作社，应当申请办理设立登记。

第二节　农民专业合作社的分立

一、农民专业合作社分立的概念

农民专业合作社的分立，是指一个农民专业合作社依法分成两个或者两个以上的农民专业合作社的法律行为。

《农民专业合作社法》第四十七条规定：农民专业合作社分立，其财产作相应的分割，并应当自分立决议作出之日起十日内通知债权人。分立前的债务由分立后的组织承担连带责任。但是，在分立前与债权人就债务清偿达成的书面协议另有约定的除外。

二、农民专业合作社分立的方式

农民专业合作社分立有两种方式。一是新设分立。新设分立是指将原来的一个合作社依法分割成两个或者两个以上新的合作社的法律行为。新设分立后原合作社的法人资格消灭,原合作社应当依法办理注销登记;分立后的合作社应当依法办理设立登记,取得法人资格。但需说明的是,分立后的合作社要符合合作社设立的法定条件。二是派生分立。派生分立是指原合作社保留,但对其财产作相应分割,另外成立一个新合作社的法律行为。原有合作社由于发生财产分割等情况变化应当依法办理变更登记;派生的新合作社应当依法办理设立登记。无论原合作社办理变更登记还是派生的新合作社办理设立登记都应符合合作社成立的法定条件。

三、农民专业合作社分立的程序

第一,由成员大会或者成员代表大会依据《农民专业合作社法》的规定作出分立决议。

第二,通知债权人。合作社分立涉及债权人的利益,应当自作出分立决议之日起十日内通知债权人。

第三,签订分立协议。

第四,进行财产分割。包括对合作社债权、债务的分割。

第五,办理合作社分立登记。

四、农民专业合作社分立前债务的承担

农民专业合作社分立前债务的承担有以下两种方式。一是按约定办理。债权人与分立的合作社就债务清偿问题达成书面协议的,按照协议的约定办理。二是承担连带责任。合作社分立前未

与债权人就清偿债务问题达成书面协议的,分立后的合作社承担连带责任。债权人可以向分立后的任何一方请求偿还债务,被请求的一方不得拒绝。否则,债权人有权依照法定程序向人民法院提起诉讼。

第三节 农民专业合作社的解散

一、农民专业合作社解散的概念

农民专业合作社解散是指合作社因发生法律规定的解散事由而停止业务活动,最终使法人资格消灭的法律行为。

根据合作社是否自愿解散,可以将合作社解散分为自行解散和强制解散两种情况。

自行解散,也称为自愿解散,是指依合作社章程或成员大会决议而解散。这种解散与外在因素无关,而取决于合作社成员的意志。

强制解散是指因政府有关机关的决定或法院判决而发生的解散。

二、农民专业合作社解散的条件

农民专业合作社有下列情形之一的,应当解散:

(一)章程规定的解散事由出现

一般来说,解散事由是合作社章程的必要记载事项,合作社的设立大会在制定合作社章程时,可以预先约定合作社的各种解散事由。如果在合作社经营中,规定的解散事由出现,成员大会或者成员代表大会可以决议解散合作社。

(二)成员大会决议解散

成员大会是合作社的权力机构,根据《农民专业合作社法》

规定有权对合作社的解散事项作出决议。根据《农民专业合作社法》第三十条的规定，农民专业合作社召开成员大会，作出解散的决议应当由本社成员表决权总数的三分之二以上通过。章程对表决权数有较高规定的，从其规定。成员大会决议解散合作社不受合作社章程规定的解散事由的约束，可以在合作社章程规定的解散事由出现前，据成员的意愿决议解散合作社。根据《农民专业合作社法》第三十二条的规定，成员代表大会按照章程规定可以行使成员大会的部分或者全部职权。也就是说，在设有成员代表大会且依照章程享有作出解散决议职权的农民专业合作社中，成员代表大会也可以作出解散的决议。

(三) 因合并或者分立需要解散

当合作社吸收合并时，吸收方存续，被吸收方解散；当合作社新设合并时，合并各方解散。当合作社分立时，如果原合作社存续，则不存在解散问题；如果原合作社分立后不再存在，则原合作社应解散。合作社的合并、分立决议均应由成员大会作出。

(四) 依法被吊销营业执照或者被撤销

依法被吊销营业执照是指合作社因违法行为，其已取得的营业执照被依法吊销，使其丧失合作社经营资格。依法被撤销是指合作社因已取得的合作社登记被依法撤销而丧失法人资格。如《农民专业合作社法》第七十条规定，农民专业合作社向登记机关提供虚假登记材料或者采取其他欺诈手段取得登记的，由登记机关责令改正，可以处以五千元以下罚款；情节严重的，撤销登记或者吊销营业执照。合作社被吊销营业执照或者被撤销登记的，应当解散。

三、农民专业合作社解散的流程

农民专业合作社解散应向登记机关申请撤销，代理申请人需提交的材料包括：清算组负责人或者法定代表人签署的《农民专业合作社注销登记申请书》；农民专业合作社成员大会或者成员代表大会依法作出的解散决议；指定代表或者委托代理人的证明；或农民专业合作社依法被吊销营业执照或者被撤销的文件；或人民法院的破产裁定、解散裁判文书。

第四节　农民专业合作社的清算

一、农民专业合作社清算概述

农民专业合作社清算是指农民专业合作社解散或者依法被撤销后，依法清理合作社的债权、债务的行为。根据《农民专业合作社法》的规定，应当在解散事由出现之日起十五日内由成员大会推举成员组成清算组，开始解散清算。逾期不能组成清算组的，成员、债权人可以向人民法院申请指定成员组成清算组进行清算，人民法院应当受理该申请，并及时指定成员组成清算组进行清算。

清算组自成立之日起接管农民专业合作社，负责处理与清算有关未了结业务，清理财产和债权、债务，分配清偿债务后的剩余财产，代表农民专业合作社参与诉讼、仲裁或者其他法律程序，并在清算结束时办理注销登记。

清算组应当自成立之日起十日内通知农民专业合作社成员和债权人，并于六十日内在报纸上公告。债权人应当自接到通知之日起三十日内，未接到通知的自公告之日起四十五日内，向清算组申报债权。如果在规定期间内全部成员、债权人均已收到通知，免除清算组的公告义务。

二、清算工作的内容

(一) 界定清算财产范围

清算财产包括宣布清算时,合作社账内账外的全部财产以及清算期间取得的资产等,都应当列入清算财产一并核算。但为保证清算规范和清算兑现,对已经依法作为担保物的财产相当于担保债务的部分,不能再列入清算财产。另外,为规范清算工作,保全合作社债权人与债务人的合法权益,避免以后发生误会或矛盾纠纷,在宣布经营终止前一定日期(如规定六个月或三个月等)至经营终止之日的期间内,如有发生隐匿私分或者无偿转让财产、压价处理财产、增加债务担保、提前清偿未到期的债务、随意放弃债权等财务行为的,应视为无效,涉及资产应作为清算财产入账。清算期间未经清算小组同意,不得处置合作社财产。

(二) 计算清算财产价值

对清算财产应进行合理作价,防止"图省事,估大堆",要为清偿分配打下好的基础。根据会计客观性原则和权责发生制原则,对清算财产一般以账面净值或者变现收入等为依据计价,也可以重估价值或按聘请专业机构评估的结果为依据计价。但应注意,只要能够保持合作社清算工作顺利进行,各方当事人意见能够协调一致,就不必采取评估方式计价,以尽量简化工作程序,节约清算成本。合作社解散清算中发生的财产盘盈或者盘亏,财产变价净收入,因债权人原因确实无法归还的债务,确实无法收回的债权,以及清算期间的经营收益或损失等,全部计入清算收益或者清算损失。

(三) 确定财产清偿分配顺序

合作社进行解散清算中不产生共益债务,所以,在清算财产及收益确定后,依照惯例应首先拨付清算费用。然后按照《农民专业合作社法》规定的顺序，分配清偿相关的债务和应付款项，最后向成员分配清算完毕后的剩余财产。但清算资产不足以清偿债务的，应经依法申请破产转为破产清算。

三、清算工作的程序

清算工作的程序一般分为六个步骤，具体的流程操作如下。

（一）清算人员选任登记

清算人员被选任后，应当将清算人员的姓名、住址等基本情况及其权限向注册登记机关登记备案。首次确定的清算人员及其权限应当由合作社理事会申请登记；更换清算人员与改变清算人员权限应当由合作社清算组申请登记。法院任命或者解任清算人员的登记，也应当依此规定进行。

（二）处理合作社未了结事务

合作社未了结事务是指合作社解散的时候尚未了结的事务，一般指经营事务。为处理了结事务，清算中的合作社也可以与第三者发生新的法律关系。

（三）通知、公告合作社成员和债权人

合作社在解散清算时，由清算组通知本社成员和债权人有关情况，通知公告债权人在法定期间内申报自己的债权。为了顺利完成债权登记、债务清偿和财产分配，避免和减少纠纷，《农民专业合作社法》对清算组通知、公告合作社成员和债权人的期限及方式作了限定：清算组应当自成立之日起十日内通知本社成员和明确知道的债权人；对于不明确的债权人或者不知道具体地址和其他联系方式的，由于难以通知其申报权，清算组应自成立之日起六十日内在报纸上公告，催促债权人申报债权。但如果在规定的期间内全部成员、债权人均已收到通知，则免除清算组的公告义务。债权人应在规定的期间内向清算组申报债权。具体来

说，收到通知书的债权人应自收到通知书之日起三十日内，向清算组申报债权；未收到通知书的债权人应自公告之日起四十五日内，向清算组申报债权。债权人申报债权时，应明确提出其债权内容、数额、债权成立的时间、地点、有无担保等事项，并提供相关证明材料，清算组对债权人提出的债权申报应当逐一查实，并做出准确翔实的登记。

（四）提出清算方案由成员大会确认

清算方案是由清算组制定的如何清偿债务、如何分配合作社剩余财产的一整套计划。清算组在清理合作社财产、编制资产负债表和财产清单后，应尽快制定包括清偿合作社员工的工资及社会保险费用、清偿所欠税款和其他各项债务以及分配剩余财产在内的清算方案。清算组制定出清算方案后，应报成员大会通过或者人民法院确认。

（五）实施清算方案，分配财产

清算方案经合作社成员大会通过或者人民法院确认后实施。分配财产是清算的核心。清算方案的实施必须在支付清算费用、清偿员工工资及社会保险费用，清偿所欠税款和其他各项债务后，再按财产分配的规定向成员分配剩余财产。如果发现合作社财产不足以清偿债务的，清算组应当停止清算工作，依法向人民法院申请破产。参照我国《中华人民共和国企业破产法》有关破产财产清偿顺序的规定，结合合作社的本质要求，合作社财产分配顺序应当是：支付清算费用和共益债务；支付合作社雇用人员工资和医疗、伤残补助、抚恤费用，所欠的应当划入雇员个人账户的基本养老保险、基本医疗保险费用以及法律、行政法规规定应当支付给雇员的补偿金；合作社欠缴的其他社会保险费用和所欠税款；清偿合作社债务，包括记入成员账户的成员与本社的交易额；按解散时各成员个人账户中记载的出资额和量化为该成员的公共积累份额之和的比例,或者按照合作社章程或成员大会的决议,分配剩余财产。合作社被宣告破产后,其清算程序应当比照我国《中华人民共和国企业破产法》的规定进行。

(六)清算结束办理注销登记

这是清算组的最后一项工作,办理完合作社的注销登记,清算组的职权终止,清算组即行解散,不得再以合作社清算组的名义进行活动。

第四章　农民专业合作社的经营项目

第一节　农民专业合作社项目选择的依据

一、选择能够利用本地资源的项目

投资有风险，必须遵循量力而行的原则。俗话说"适合的就是最好的"。依据合作社的资金、资源、能力、合作伙伴、专业技能等量力而行，不好高骛远。选择合作社项目时，应尽量利用本地资源，避免风险大的项目。

二、选择有社会需求的项目

合作社不能只凭想象、冲动、理念做事，必须树立一个观点，即"顾客是上帝"，没有满意的顾客就没有合作社的存在和发展。因此，选择农业创业项目要进行市场调查和研究，要了解市场究竟需要什么，需要多少，谁会来购买，有多少人购买，竞争对手有哪些等。因此，以社会需求为导向进行投资，才能生产出市场需要的产品。

三、选择有政策扶持的项目

在选择合作社项目时，要分清哪些农业行业是国家政策鼓励和支持发展的，哪些农业行业是国家限制发展的，哪些农业行业是国家禁止发展的，防止因眼前利益而误入创业歧途，半途而废，造成血本无归。

四、选择有经济效益的项目

合作社生产与发展靠的是盈利，如果项目不产生利润，项目投入的人、财、物等就无法收回，再生产就难以继续，这就是选择项目要注重的经济性。合作社可以从项目的投资成本、投资期限、产品销售价格和销售额进行投资效益分析，以确定是否属于能产生经济效益的项目。

五、选择有创新有特色的项目

创新是知识经济的主旋律，是经营主体的生命，也是经营者化解外界风险和取得竞争优势的有效途径。纵观当代经营者，唯有不断创新，做到人无我有、人有我优、人优我特，才能在竞争中占据优势，获得主动性。

目前，市场上不是缺少普通的商品和一般的劳务，而是缺特殊的商品和特殊的服务。合作社只有加强市场调研，刺激和创造需求，抢占先机、出奇制胜，生产适合需求的新的具有特色的产品和服务，才能使成立的合作社得以立足和持续发展。

第二节　适宜农民专业合作社的项目

一、政府政策引导项目

农民专业合作社在成立及发展过程中应结合自身实际科学论证，并从国家鼓励和财政支持的经营项目中选择适宜的项目。

从 2017 年起，中华全国供销合作总社农业综合开发项目就集中资金，突出重点，积极扶持"新型农业社会化服务体系示范项目"，具体包括土地托管、服务能力提升和产业融合三个方面。

（一）土地托管

按照推进农业现代化、服务规模化、经营市场化的目标，搭建为农服务平台，整合供销合作社为农服务资源，主要面向新型农业经营主体，创新农业生产服务方式和手段，打造"农民外出打工，供销合作社为农民打工"服务品牌，破解"谁来种地、地怎么种"等问题，为农业适度规模经营提供保障，推进农业社会化服务体系建设。

财政支持合作社服务中心设施建设、设备购置，包括仓储、保鲜冷藏设施，采后加工设备，烘干设施，展示厅及辅助配套设施建设，以及智能配肥站、质量检测及信息化管理设施等。

土地托管不改变土地承包权，不改变土地用途，尊重经营自主权，重点支持大田作物土地托管，兼顾其他作物托管；服务合同科学合理，充分尊重农民意愿，切实保护农民利益；实行规模化、标准化服务，托管面积5 000亩以上；为农服务中心和服务网点设计科学、布局合理，综合服务与专项服务相协调，促进构建农业社会化服务网络；为农服务功能完备，兼顾当前和长远，经营性和公益性有机结合，实现多赢共存和可持续发展；积极探索以县级供销合作社控股的为农服务公司为龙头，通过政府引导、市场化运作，开展横向、纵向合作，统筹整合为农服务力量，形成为农服务合力。

（二）服务能力提升

注重扶持基层供销合作社和农业生产、农产品加工、农产品流通等新型农业服务主体，打造一批实力较强、运营良好、管理规范和具有市场竞争力的新型农业服务主体，夯实为农服务和现代农业基础。

财政支持加工车间、设备及配套的供水、供电、道路设施等建设，如农产品交易场所、仓储、保鲜冷藏设施，电子商务信息交易平台，产品检验检测和安全监控设施等的建设；支持卫生防疫及动植物检疫设施，废弃物处理等环保设施，新品种或新技术引进，农户培训等项目建设。

服务能力提升以产地加工、农产品流通服务项目为重点，注重对当地农产品进行直接加工，促进农产品就地转化增值，积极扶持农产品产地集配和冷链物流，畅通农产品流通渠道，打造智慧物流体系；为农服务措施可行、方案可靠，不断提高为农服务能力，创新为农服务模式；加强与新型农业经营主体的对接，有效带动专业化、标准化、规模化生产，切实提升农产品物流、服务、体验、质量追溯等功能，促进全产业链的质量安全体系建设；技术方案先进可行，技术依托可靠，工艺路线合理。

(三) 产业融合

以涉农企业或农民合作社联合社为龙头，带动多个新型农业经营主体，完善与农民的利益联结机制，延伸农业产业链，探索形成农业与二三产业交叉融合的现代产业体系，促进农业增效、农民增收、农村繁荣。

财政支持农产品种植养殖基地所需的基础设施及配套设备，品种改良、种苗（种畜禽）繁育设施，生产车间、加工设备和配套设施建设；支持产品采后处理设施，农产品展示展销中心、农产品社区自营网点和农产品专用运输车辆，交易场所、仓储保鲜设施，信息化管理设施，产品检验检测和安全监控设施，废弃物处理、卫生防疫和环保设施的建设，支持新品种、新技术的引进以及示范与培训等。

产业融合项目用地手续合法齐备、符合规划，合理节约；低耗节能，符合环境保护和可持续发展要求；投资估算合理，自筹资金有保障，筹资方案可行；与农民联系紧密，建立科学合理的利益联结机制，有效促进农业增效和农民增收；预期效益和市场前景好，有较强的抗风险能力，有助于增强自身实力和为农服务能力。

产业融合以农民分享增值收益为出发点和落脚点，充分发挥供销合作社生产、服务、销售三位一体的独特优势，以涉农企业或农民合作社联合社为牵头单位，组织带领两个以上新型农业经营主体，分工协作、共同完成项目建设。建设任务原则上应安排在同一地级市（自治州、盟）；项目各主体之间以及各主体与农户之间通过有效机制结成紧密利益共同体；注重引进新技术、新业态、新模式，加快发展订单直销、连锁配送、电子商务等现代流通方式；基地规模适度，种养基础良好，产业基础坚实。产品通过有关质量体系认证，具有独立注册商标及良好品牌形象；辐射带动能力强，直接带动农户500户以上；工艺、技术、设备方案先进可行。

二、政府补贴项目

近年来，我国政府对农民专业合作社的补贴越来越多，有力地推动了合作社的快速发展。以下针对农民专业合作社申请补贴事宜，对政府的补贴政策和申报流程进行介绍。

（一）补贴项目申请主要注意事项

（1）申报部门要根据主营业务不同分别向农业农村委（局）、农村经济经营管理办公室、财政局、农业综合开发办、旅游局、科技局、国家林业和草原局、水务局、生态环境部、商务部、国家发展和改革委员会等部门申请。

（2）每个项目从通知到申报截止时间都较短，要及时了解相关信息，提前准备申报材料。

(3) 与科研、课题相关项目申报优势明显，要积极寻求与一些科研院校建立良好的关系，经营项目要与其研究或教学挂钩、合作。

(4) 申报项目材料包括企业的法人证书、营业执照复印件、企业年度报表、地方政府配套资金证明、土地使用证明或者土地租用合同、项目可行性研究报告、院校合作协议书、当地银行出具的信用等级证明、贷款证明、环评报告以及企业获得的荣誉证书等。

(5) 农产品深加工项目申请必须提供的材料包括产业化龙头项目申报单位的基本情况、项目的可行性研究报告（简称可研报告）、项目的近期审计报告、项目建设用地批准文件、环保部门的环境评价意见、专家对本项目的初步评估意见、申报产业项目的资金规模等。

(6) 申报农产品加工示范项目必须以农产品加工（包括粮、油、果蔬、畜产品、水产品、特色农产品）为主业、具有独立法人资格、农产品加工产品的年销售收入在一定数额以上、无质量安全卫生事故、企业具有比较健全的质量管理与质量控制体系，通过 ISO 9000 质量体系认证或 HACCP 认证、企业的总资产报酬应高于同期银行贷款利率、入股合作方式采购的国产原料占所需原料的 75% 以上。

(7) 申请农业科技成果转化资金，首先要有科技成果资金申报报告，还要有一个可研报告，每年科技成果转化资金都有一个编写要点，企业可以根据编写要点准备材料，然后逐级申报。

（二）补贴项目申报要点

政府对合作社项目的补贴方式包括贴息和免息贷款、担保补贴、扶持资金、先建后补、以奖代补、风险补偿金等，可以申请的支持政策和补贴项目也很多，争取项目补贴要注意以下要点。

1. 了解政策、未雨绸缪

要积极关注各级政府网站、专业协会、咨询机构的微信微博及新闻媒体等，通过各种渠道密切关注、了解相应政策，争取政策扶持资金。要根据政策要求与对口部门要求，积极准备各种申报材料，尽量争取国家及地方扶持资金，能在很大程度上解决项目开发中的资金问题。要熟悉土地流转、规划设计、贷款抵押等方面的政策法规，避免项目违规。

2. 政策补贴形式多样

不仅限于农业农村部、国家发展和改革委员会、自然资源部、文化和旅游部、科学技术部等，归口部门都会有针对农业方面的扶持政策。每个部门制定的扶农政策各有侧重，如观光类农庄就可向文化和旅游部申请旅游专项资金，特色文化类农庄可向县委宣传部与县文化和旅游局等单位申请文化产业发展专项资金，自有基地发展餐饮的农庄可以向农业农村部门申请"三品一标"的认证及相关补贴以及优质农产品生产基地，科教类农庄可以申请科学技术局的相关项目、农业科技成果转化项目、星火计划项目、科技推广与集成技术示范项目等。

3. 积极与当地村、镇、街道等政府部门沟通协调

积极与各部门进行必要的沟通、汇报，常沟通、常汇报可以及时获取信息，顺利完成申报。

4. 提前申报，每年申报

所有的休闲农业补贴项目都是提前一年报下一年的。农业补贴每年都有，而且逐年升高。一次申报后即使当年没有通过，来年可能还会有机会。同一个项目，在同一个部门以同样名义往往只能拿一次补贴。

5. 研究好重点扶持

农业庄园、产业园、田园综合体、农业科技园区、农业综合

开发产业化发展、设施农业、电子商务等项目是近年来的重点扶持项目。

6. 先易后难，拆开项目再申请

项目申请可以拆开来报，注意有些单一项目对于扶持资金有封顶规定。

7. 带动农民增收致富是关键

近年来国家重点支持的项目侧重于能够带动一二三产业融合发展、带动农民增收致富等方面。

第三节 农民专业合作社项目选择的步骤

选择农民合作社项目可以分为三个步骤。第一步是找，就是得能找到一个合适的项目。第二步是试，就是试着做成，试这个环节的唯一衡量指标就是是否有利润。第三步是推，就是指推广。

一、积极寻找项目

寻找项目应考虑天时、地利和人和。天时，主要包括两点：一是政策，二是市场。我国农业正处于从传统农业向现代农业转型的关键阶段，需要地方政策的引导和支持。没有市场前景的项目，不能成为寻找的对象。地利，农业的一大特性就是对土地的依赖以及土地的不可移动性。做农业离不开地理条件和环境资源，这其中重点就包括了土壤、气候和水文等。人和包括组织和人才，能否有胜任该项目经营管理的人员。

总之，农民合作社寻找项目时，不仅要从政府引导的方向、市场需求的变化两个方面搜集信息，还要考虑当地资源以及人员构成。

二、进行项目试验

开办合作社项目是需要真刀真枪去花真金白银的,不建议拿过来直接大面积推广,只有在你的地块上种植、养殖或经营成功的才有可能推广成功。因此,选择农业项目不能盲目跟风,在正式启动项目前要先进行小规模试验。

在试验的过程中,合作社理事长也要对以下三个问题加以重视。第一是技术问题,技术问题不解决,就无法保证品质。第二是资源问题,社员聚拢在一起,不是要干一加一等于二的事儿,而是要做一加一大于二的事情。第三个问题最关键,就是如何保障试销成功。

具体试验时,首先要根据选择的项目方案制订试验方案,选择相同的条件、环境,用同一团队人员进行小规模试验分析。不同类型项目在具体操作中不同。新品种种植或养殖类项目,可以选在相同条件的地块或水域,在相同环境下进行生产试验,同时设置参照试验,将常规品种与新品种产出的品质、产量、成本和效益进行对比,得出结论。

三、大力推广项目

在"推"的环节,合作社理事长需要考虑以下两个问题。第一是能否得到政府的支持。农业在各个国家都是一个政策性行业,因此,得到政府的支持是一件非常重要的事情。第二是社员和投资人的加入。合作社应与社员结成经济利益共同体,切实为社员提供服务,吸引更多的社员和投资者加入。

第五章 农民专业合作社的生产管理

第一节 农民专业合作社生产基地

一、农产品生产基地建立要求

（1）强调生产的专业化和种植的区域化，使基地尽可能成方连片，形成规模。

（2）在基地管理上，强调生产技术规程的组织实施，实行标准化生产，推行农资供应、病虫害防治等统一服务。

（3）在运作模式上采取基地建设与日常管理相统一的运行机制，如"公司+农户""公司+合作社+农户"或"合作社+农户"等运作模式，实现基地的生产、经营、管理的一体化发展。

二、我国农产品生产基地的类型

（一）龙头企业与市场带动型

通过培育和发展农产品加工龙头企业，扶持中介组织和购销大户，加强市场体系建设，打开农产品销售渠道，促进生产与企业、市场的有机衔接，推动农产品基地建设。

（二）工商企业投资型

工商业主反哺农业、投资农业，凭借其先进的管理理念，通过租赁等土地使用权的流转，直接投资兴办各类特色农产品基地。

(三) 传统产业提升型

传统产业提升型主要是依托传统优势产业，适应市场需求的变化，调整产品结构，通过技术更新，实施良种化工程，加强品牌建设，实现传统产品的提质增效，带动名优产品的规模化基地生产。

(四) 科技人员领办型

科技人员利用技术优势，创办或通过技术入股等形式创建基地。

(五) 农民专业合作社创建型

目前，许多农民专业合作社都根据自己的经营项目建立了生产基地。

三、建立生产基地的注意事项

(一) 以市场需求为导向

要根据市场的现实需求和潜在需求来选择生产项目，发展优质、安全、生态、方便、营养的农产品，以开拓农村、城镇和国际市场为目标，不断适应和满足市场需求。

(二) 发挥地方比较优势

要根据比较优势的原则，按照"一村一品、一乡一业"的发展思路制定区域规划，因地制宜，发挥本地的资源、经济、市场和技术优势，依托优势农产品的专业化生产区域，推进优势、特色农产品加工业发展，逐步形成农产品生产和加工产业带，实现农产品加工与原料基地的有机结合。

(三) 实行适度规模经营

有规模才有批量，有批量才有市场竞争力。要通过核心示范区建设，在尊重农民生产经营自主权的前提下，引导千家万户向优势产区集中，实现小生产大规模。建设优质农产品基地，要与发展农产品加工业的规模和市场需求相适应，既要有龙头骨干企业，又要有市场、有特色、有潜力的农民专业合作社等农民经济组织来带动。

（四）积极引进新品种，采用先进适用技术

要依靠新科技，解决产品科技含量低、单产水平低、品质质量低、综合效益差等问题。积极引种、试种（养）和推广国内外的高效农业产品，促进农产品品种的改良和更新换代。保护和发展具有民族特色的传统技术，选用先进适用的技术和绿色生产技术装备，鼓励积极引进和开发高新技术。

（五）实施标准化生产，保证产品质量安全

推行标准化生产和产品质量认证，组织实施生产技术规程，实行标准化生产，做到统一培训、统一种植、统一管理、统一施药、统一施肥、统一采收。规范农药和肥料等投入品的购置、施用。建立和完善农产品的检验、检测和安全监控体系。积极申报农产品质量认证，以及出口企业的各种国际认证。培育具有地方特色的名牌农产品，提高基地产品的市场知名度和市场竞争力。

（六）发展和保护相结合

生产基地建设，要坚持高标准、严要求，积极采取保护生态环境的措施，发展可持续农业。

第二节　农业标准化生产

一、标准化生产的相关概念

农业标准化就是以农业为对象的标准化活动，即运用"统一、简化、协调、选优"的原则，通过制定和实施标准，把农业产前、产中和产后各个环节纳入标准生产和标准管理的轨道。农业标准化的过程，就是运用现代科技成果改造传统农业的过程，是以现代工业理念谋划和建设现代农业的过程。

农民专业合作社作为农业标准化的实施载体，应按照"一个合作社（龙头企业）、一个基地、一批品牌"的要求，完善内部执行标准体系，重点加强病虫害防治、养殖、加工、贮存、运输等装备提升以及灌溉、排水、道路等基础设施建设。在规范标准化示范园区方面，一是要利用政府资金支持加强农田水利设施建设、加强农产品检测室建设、加大示范园区大棚建设、硬化园区主干道路等，有效改善园区基础设施，为推进标准化生产创造良好的硬件条件；二是要规范农产品生产种植操作规程，完善农产品生产档案、检测记录，完善农产品质量追溯制度，真正从源头上根除质量安全隐患。

二、农业标准化生产的内容

农业标准化生产的内容十分广泛，主要有以下八个方面。

（一）农业基础标准

农业基础标准是指在一定范围内作为其他标准的基础并普遍使用的标准，包括在农业生产技术中涉及的名词、术语、符号、定义、计量、包装、运输、贮存、科技档案管理及分析测试标准等。

（二）种子、种苗标准

种子、种苗标准主要包括农、林、果、蔬等种子、种苗，种畜、种禽、鱼苗等品种种性和种子质量分级标准、生产技术操作规程、包装、运输、贮存、标志及检验方法等。

（三）产品标准

产品标准是指对产品必须达到的某些或全部要求制定的标

准，主要包括农林牧渔等产品的品种、规格、质量分级、试验方法、包装、运输、贮存、农机具标准、农资标准以及农业用分析测试仪器标准等。

(四) 方法标准

方法标准是指以试验、检查、分析、抽样、统计、计算、测定、作业等各种方法为对象而制定的标准，包括选育、栽培、饲养等技术操作规程、规范、试验设计、病虫害测报、农药使用、动植物检疫等方法或条例。

(五) 环境保护标准

环境保护标准是指为保护环境和有利于生态平衡，对大气、水质、土壤、噪声等环境质量、污染源检测方法以及其他有关事项制定的标准，包括水质、水土保持、农药安全使用、绿化等方面的标准。

(六) 卫生标准

卫生标准是指对食品饲料及其他方面的卫生要求而制定的农产品卫生标准，主要包括农产品中的农药残留及其他重金属等有害物质残留允许量的标准。

(七) 农业工程和工程构件标准

农业工程和工程构件标准是指围绕农业基本建设中各类工程的勘察、规划、设计、施工、安装、验收，以及农业工程构件等方面需要协调统一的事项所制定的标准，包括塑料大棚、种子库、沼气池、牧场、畜禽圈舍、鱼塘、人工气候室等。

(八) 管理标准

管理标准是指对农业标准领域中需要协调统一的管理事项所制定的标准，如标准分级管理办法、农产品质量监督检验办法及各种审定办法等。

三、农业标准化实施

农业标准的实施程序是一个复杂、系统的工程。由于合作社社员的自身素质和认识程度参差不齐,在执行标准过程中难免会出现各种问题,需要引起合作社的足够重视,找出切实方法,引导农民认真执行合作社所制定的各项农业标准,积极推进农业标准化工作的顺利展开。农业标准化实施程序如下。

(一) 思想准备

要使合作社全体社员及各方面参与方了解实施标准化的重要意义和作用,自觉运用标准、执行和维护标准。

(二) 组织准备

为加强对实施标准工作的领导,根据工作量大小,应组成由董事会牵头、农技人员组成的工作组,或设置专门机构负责标准的贯彻和实施。

(三) 技术准备

包括制作宣传、培训材料,培训社员和各方面参与方;制定相关岗位工作规程(作业指导书);对关键技术进行攻关;必要时开展标准实施的试点工作。

(四) 物资条件准备

包括所需的设备、仪器、工具、农业生产资料等。

(五) 进行试点

农业技术标准在全面贯彻实施前,合作社可根据需要,选择有代表性的社员进行标准实施试点。在试点时可采取"双轨制",即贯彻标准与未贯彻标准相互比较,积累数据,取得经验,为全面贯彻标准创造条件。

(六) 全面实施

合作社在标准实施过程中要特别强调在生产各环节均应做到

有标可依、有标必依，严格执行标准，在标准实施中进一步强化社员和各方面参与方执行标准的观念。

(七) 检查、总结与改进

检查与总结是合作社实施标准的重要控制环节，通过检查要进一步证实标准的可行性和适用性，发现问题，总结经验，及时改进。检查中不仅应对标准使用与执行情况及执行效果进行评估，还应对管理体系进行检查和评估，并对评估的结论进行总结，提出改进计划，落实改进措施。

第三节 农产品质量安全认证

农产品质量安全是指农产品质量达到农产品质量安全标准，符合保障人的健康、安全的要求。通过农产品质量安全认证，可以规范和约束农业生产行为，减少农产品生产过程的污染，提高农产品的质量安全水平，更好地保障消费者的食物消费安全。我国农产品质量安全认证主要包括承诺达标合格证、绿色食品认证、有机产品认证、农产品地理标志认证。

一、承诺达标合格证

(一) 承诺达标合格证样式

自2019年农业农村部在全国试行食用农产品合格证制度以来，各地农业农村部门积极推进，压实了生产主体责任，促进了产管衔接，进一步完善了农产品质量安全监管措施，取得了阶段性成效。在试行过程中，合格证样式和内容不断完善，各级农业农村部门对此也做了积极探索。为进一步明确制度的核心要求与目标，农业农村部将合格证名称由"食用农产品合格证"调整为"承诺达标合格证"，并对合格证参考样式做了进一步优化，新版样式（图 5-1）主要有以下调整。

```
承诺达标合格证
我承诺对生产销售的食用农产品：
□ 不使用禁用农药兽药、停用兽药和非法添加物
□ 常规农药兽药残留不超标
□ 对承诺的真实性负责
承诺依据：
□ 委托检测              □ 自我检测
□ 内部质量控制          □ 自我承诺
————————————————————
  产品名称：              数量（重量）：
  产  地：
  生产者盖章或签名：
  联系方式：
  开具日期：    年    月    日
```

图 5-1　承诺达标合格证

1. 体现"达标"内涵

"达标"内涵即生产过程落实质量安全控制措施、附带承诺达标合格证的上市农产品符合食品安全国家标准。现阶段,承诺达标合格证的"达标"主要聚焦不使用禁用农药兽药、停用兽药和非法添加物,常规农药兽药残留不超标等方面。

2. 突出"承诺"要义

承诺达标合格证是承诺证,首先要展示承诺内容。新版承诺达标合格证参考样式,在全国试行方案中合格证参考样式的基础上,调整了承诺内容和基本信息的位置,将承诺内容放在承诺达标合格证最上端,生产者及农产品信息放后。

3. 调整承诺内容

明确是"对生产销售的食用农产品"作出承诺。将承诺内容中"遵守农药安全间隔期、兽药休药期规定"调整为"常规农药兽药残留不超标"。

4. 增加承诺依据

增加可勾选的"委托检测、自我检测、内部质量控制、自我承诺"四项承诺依据。生产主体开具承诺达标合格证时,根据实际情况勾选一项或多项。

(二)确保承诺达标合格证规范有效开具

承诺达标合格证要坚持"谁生产、谁用药、谁承诺"的原则,由种植、养殖者作出承诺,勾选选项、自主开具,乡镇农产品质量安全监管公共服务机构、村(社区)委员会、检测机构、农产品批发市场等不应代替种植、养殖者开具。

(三)加强电子承诺达标合格证开具管理

各级农业农村部门推广电子承诺达标合格证,将承诺达标合格证与农产品追溯一体化推进,取得了积极成效。以二维码等形式开具承诺达标合格证的,要坚持基本原则和要求:一是二维码标识上或四周要明确展示"承诺达标合格证"字样；二是扫码后的内容中，首先要展示承诺达标合格证的名称、承诺声明、承诺依据等完整信息，接下来再展示企业简介、品牌宣传等内容。

二、绿色食品认证

绿色食品是指产自优良生态环境、按照绿色食品标准生产、实行全程质量控制并获得绿色食品标志使用权的安全、优质食用农产品及相关产品。

2022年最新修订的《绿色食品标志管理办法》指出：中国绿色食品发展中心负责全国绿色食品标志使用申请的审查、颁证和颁证后跟踪检查工作。省级人民政府农业行政农村部门所属绿色食品工作机构（以下简称省级工作机构）负责本行政区域绿色食品标志使用申请的受理、初审和颁证后跟踪检查工作。

申请使用绿色食品标志的生产单位（以下简称申请人），应当具备下列条件：能够独立承担民事责任；具有绿色食品生产的环境条件和生产技术；具有完善的质量管理和质量保证体系；具有与生产规模相适应的生产技术人员和质量控制人员；具有稳定的生产基地；申请前三年内无质量安全事故和不良诚信记录。

申请使用绿色食品标志的产品，应当符合《中华人民共和国食品安全法》和《中华人民共和国农产品质量安全法》等法律法规规定，在国家知识产权局商标局核定的范围内，并具备下列条件：产品或产品原料产地环境符合绿色食品产地环境质量标准；农药、肥料、饲料、兽药等投入品使用符合绿色食品投入品使用准则；产品质量符合绿色食品产品质量标准；包装贮运符合绿色食品包装贮运标准。

绿色食品认证的程序：申请人提交申请和相关材料，经过文件审核、现场检查，同时安排环境质量现状调查和产品抽样，检查结果、环境检测和产品检测报告汇总后,合格者颁发证书。证书有效期是三年。绿色食品认证程序如下。

1. 申请

申请人应当向省级工作机构提出申请,并提交下列材料:标志使用申请书;产品生产技术规程和质量控制规范;预包装产品包装标签或其设计样张;中国绿色食品发展中心规定提交的其他证明材料。

2. 受理

省级工作机构应当自收到申请之日起十个工作日内完成材料审查。符合要求的,予以受理,并在产品及产品原料生产期内组织有资质的检查员完成现场检查;不符合要求的,不予受理,书面通知申请人并告知理由。

现场检查合格的,省级工作机构应当书面通知申请人,由申请人委托符合要求的检测机构对申请产品和相应的产地环境进行检测;现场检查不合格的,省级工作机构应当退回申请并书面告知理由。

3. 现场抽样

检测机构接受申请人委托后,应当及时安排现场抽样,并自产品样品抽样之日起二十个工作日内、环境样品抽样之日起三十个工作日内完成检测工作,出具产品质量检验报告和产地环境监测报告,提交省级工作机构和申请人。

检测机构应当对检测结果负责。

4. 认证审核

省级工作机构应当自收到产品检验报告和产地环境监测报告之日起二十个工作日内提出初审意见。初审合格的,将初审意见及相关材料报送中国绿色食品发展中心。初审不合格的,退回申请并书面告知理由。

省级工作机构应当对初审结果负责。

中国绿色食品发展中心应当自收到省级工作机构报送的申请材料之日起三十个工作日内完成书面审查，并在二十个工作日内组织专家评审。必要时，应当进行现场核查。

5. 认证评审

中国绿色食品发展中心应当根据专家评审的意见，在五个工作日内作出是否颁证的决定。同意颁证的，与申请人签订绿色食品标志使用合同，颁发绿色食品标志使用证书，并公告；不同意颁证的，书面通知申请人并告知理由。

6. 颁证

绿色食品标志使用证书是申请人合法使用绿色食品标志的凭证，应当载明准许使用的产品名称、商标名称、获证单位及其信息编码、核准产量、产品编号、标志使用有效期、颁证机构等内容。

绿色食品标志使用证书分中文、英文版本，具有同等效力。

绿色食品标志使用证书有效期三年。证书有效期满，需要继续使用绿色食品标志的，标志使用人应当在有效期满三个月前向省级工作机构书面提出续展申请。省级工作机构应当在四十个工作日内组织完成相关检查、检测及材料审核。初审合格的，由中国绿色食品发展中心在十个工作日内作出是否准予续展的决定。准予续展的，与标志使用人续签绿色食品标志使用合同，颁发新的绿色食品标志使用证书并公告；不予续展的，书面通知标志使用人并告知理由。

标志使用人逾期未提出续展申请，或者申请续展未获通过的，不得继续使用绿色食品标志。

三、有机产品认证

有机产品是根据有机农业原则，生产过程中不使用化学合成的农药、化肥、生长调节剂和饲料添加剂等化学物质和采用对环境无害的方式生产、销售过程受专业认证机构全程监控，通过独立认证机构认证并颁发证书，销售总量受控制的一类真正纯天然、高品质、无污染、安全的健康食品。

国家市场监督管理总局 2022 年修订的《有机产品认证管理办法》指出：有机产品认证是指认证机构依照本办法的规定，按照有机产品认证规则，对相关产品的生产、加工和销售活动符合中国有机产品国家标准进行的合格评定活动。国家市场监督管理总局负责全国有机产品认证的统一管理、监督和综合协调工作。地方市场监督管理部门负责所辖区域内有机产品认证活动的监督管理工作。国家推行统一的有机产品认证制度，实行统一的认证目录、统一的标准和认证实施规则、统一的认证标志。国家市场监督管理总局负责制定和调整有机产品认证目录、认证实施规则，并对外公布。

有机产品认证机构应当依法取得法人资格，并经国家市场监督管理总局批准后，方可从事批准范围内的有机产品认证活动。目前有机认证机构众多，生产者在选择有机产品认证机构时一定要注意核实，该认证机构是否经过中国国家认证认可监督管理委员会（CNCA）、中国合格评定国家认可委员会（CNAS）等权威部门认可，拥有正式批准号等。下面以农业农村部主管的中绿华夏有机食品认证中心（China Organic Food Certification Center，简称 COFCC）的认证流程为例，说明申请认证有机产品的工作程序。

1. 申请

（1）申请人登陆 www.ofcc.org.cn 下载填写《有机产品认证申请书》和《有机产品认证调查表》，下载《有机产品认证书面资料清单》，并按要求准备相关材料。

（2）申请人提交《有机产品认证申请书》《有机产品认证调查表》，以及《有机产品认证书面资料清单》要求的文件，提出正式申请。

（3）申请人按《有机产品 第四部分：管理体系》（GB/T 19630.4—2011）的要求，建立本企业的质量管理体系、质量保证体系的技术措施和质量信息追踪及处理体系。

2. 文件审核

认证机构应当自收到认证委托人申请材料之日起十日内，完成材料审核，并作出是否受理的决定。审核合格后，认证中心根据项目特点，依据认证收费细则，估算认证费用，向企业寄发《受理通知书》和《有机产品认证检查合同》（简称《检查合同》）。若审核不合格，认证中心通知申请人且当年不再受理其申请。申请人确认《受理通知书》后，与认证中心签订《检查合同》。根据《检查合同》的要求，申请人交纳相关费用，以保证认证前期工作的正常开展。

3. 实地检查

企业寄回《检查合同》及交纳相关费用后，认证中心派出有资质的检查员。检查员应从认证中心取得申请人相关资料，依据《有机产品认证实施规则》的要求，对申请人的质量管理体系、生产过程控制、追踪体系以及产地、生产、加工、仓储、运输、贸易等进行实地检查评估。必要时，检查员需对土壤、产品抽样，由申请人将样品送指定的质检机构检测。

4. 撰写检查报告

检查员完成检查后，在规定时间内，按认证中心要求编写检查报告，并提交给认证中心。

5. 综合审查评估意见

认证中心根据申请人提供的申请表、调查表等相关材料以及检查员的检查报告和样品检验报告等进行综合评审,评审报告提交颁证委员会。

6. 颁证决定

颁证委员会对申请人的基本情况调查表、检查员的检查报告和认证中心的评估意见等材料进行全面审查,做出同意颁证、有条件颁证、有机转换颁证或拒绝颁证的决定。证书有效期为一年。

当申请项目较为复杂(如养殖、渔业、加工等项目)时,或在一段时间内(如六个月),召开技术委员会工作会议,对相应项目作出认证决定。

(1)同意颁证。申请内容完全符合有机标准,颁发有机证书。

(2)有条件颁证。申请内容基本符合有机产品标准,但某些方面尚需改进,在申请人书面承诺按要求进行改进以后,也可颁发有机证书。

(3)有机转换颁证。申请人的基地进入转换期一年以上,并继续实施有机转换计划,颁发有机转换证书。从有机转换基地收获的产品,按照有机方式加工,可作为有机转换产品,即"有机转换产品"销售。

(4)拒绝颁证。申请内容达不到有机标准要求,颁证委员会拒绝颁证,并说明理由。

7. 颁证决定签发

颁证委员会做出颁证决定后,认证中心主任授权颁证委员会秘书处(认证二部)根据颁证委员会做出的结论在颁证报告上使用签名章,签发颁证决定。

8. 有机产品标志的使用

根据证书和《有机食(产)品标志使用章程》的要求,签订《有机食（产）品标志使用许可合同》，并办理有机/有机转换标志的使用手续。

9. 保持认证

有机产品认证证书有效期为一年，在新的年度里，COFCC会向获证企业发出《保持认证通知》。获证企业在收到《保持认证通知》后，应按照要求提交认证材料、与联系人沟通确定实地检查时间并及时交纳相关费用。保持认证的文件审核、实地检查、综合评审、颁证决定的程序同初次认证。

四、农产品地理标志认证

农产品地理标志是指标示农产品来源于特定地域，产品品质和相关特征主要取决于自然生态环境和历史人文因素，并以地域名称冠名的特有农产品标志。此处所称的农产品是指来源于农业的初级产品，即在农业活动中获得的植物、动物、微生物及其产品。

（一）基本要求

农业部于2007年12月发布的《农产品地理标志管理办法》（以下简称《办法》），是专门针对农产品地理标志发布管理的行政法规。《办法》规定，国家对农产品地理标志实行登记制度，经登记的农产品地理标志受法律保护。

1. 申请地理标志登记的农产品

农产品地理标志登记范围是指来源于农业的初级产品，并在《农产品地理标志登记审查准则》规定的目录覆盖的三大行业二十二个小类内。

申请农产品地理标志登记的农产品，应当符合下列条件：称谓由地理区域名称和农产品通用名称构成；产品有独特的品质特性或者特定的生产方式；产品品质和特色主要取决于独特的自然生态环境和人文历史因素；产品有限定的生产区域范围；产地环境、产品质量符合国家强制性技术规范要求。

2. 农产品地理标志登记申请人

农产品地理标志登记申请人为县级以上地方人民政府，根据下列条件择优确定农民专业合作经济组织、行业协会等组织。

（1）具有监督和管理农产品地理标志及其产品的能力。

（2）具有为地理标志农产品生产、加工、营销提供指导服务的能力。

（3）具有独立承担民事责任的能力。

（二）登记管理

1. 农产品地理标志登记管理工作负责人

农业农村部负责全国农产品地理标志的登记工作，农业农村部农产品质量安全中心负责农产品地理标志登记的审查和专家评审工作。省级人民政府农业行政主管部门负责本行政区域内农产品地理标志登记申请的受理和初审工作。农业农村部设立的农产品地理标志登记专家评审委员会负责专家评审。农产品地理标志登记专家评审委员会由种植业、畜牧业、渔业和农产品质量安全等方面的专家组成。

2. 农产品地理标志登记管理的申请材料

符合农产品地理标志登记条件的申请人，可以向省级人民政府农业行政主管部门提出登记申请，并提交下列申请材料：登记申请书；申请人资质证明；产品典型特征特性描述和相应产品品质鉴定报告；产地环境条件、生产技术规范和产品质量安全技术规范；地域范围确定性文件和生产地域分布图；产品实物样品或者样品图片；其他必要的说明性或者证明性材料。

3. 农产品地理标志登记管理的审查

省级人民政府农业行政主管部门自受理农产品地理标志登记

申请之日起，应当在四十五个工作日内完成申请材料的初审和现场核查，并提出初审意见。符合条件的，将申请材料和初审意见报送农业农村部农产品质量安全中心；不符合条件的，应当在提出初审意见之日起十个工作日内将相关意见和建议通知申请人。

农业农村部农产品质量安全中心应当自收到申请材料和初审意见之日起二十个工作日内，对申请材料进行审查，提出审查意见，并组织专家评审。经专家评审通过的，由农业农村部农产品质量安全中心代表农业农村部向社会公示。有关单位和个人有异议的，应当自公示截止日起二十日内向农业农村部农产品质量安全中心提出。公示无异议的，由农业农村部作出登记决定并公告，颁发《中华人民共和国农产品地理标志登记证书》，公布登记产品相关技术规范和标准。专家评审没有通过的，由农业农村部作出不予登记的决定，书面通知，并说明理由。

4. 农产品地理标志登记证书使用

农产品地理标志登记证书长期有效。有下列情形之一的，登记证书持有人应当按照规定程序提出变更申请：①登记证书持有人或者法定代表人发生变化的；②地域范围或者相应自然生态环境发生变化的。

第六章 农民专业合作社的营销管理与品牌化建设

第一节 农产品的包装设计

一、包装的概念与作用

(一) 包装的概念

产品包装有两层含义：一是指用不同的容器或物件对产品进行捆扎；二是指包装用的容器或一切物件。包装通常有三个层次：第一层次是内包装，它是直接接触产品的包裹物，如酒瓶、香水瓶、牙膏皮等；第二层次是中包装，它是保护内包装物的包裹物，当产品被使用时，它就被丢弃，如香水瓶、牙膏等外面的盒子等，中包装同时也可以起到促销的作用；第三层是外包装，即供产品贮存、辨认所需要的包裹物，如装一打香水的硬纸盒等。

(二) 包装的作用

1. 保护商品

这是包装最主要的目的和最基本的功能。在商品的流通和使用过程中，通过包装可以起到防止各种损坏的作用，如防止破损、散失、变质、挥发、污染、虫蛀、鼠咬等。包装还可保证商品的清洁卫生和安全，从而保护产品的使用价值。

2. 便于贮运

有的商品外形不固定，或者是液态、气态，或者是粉状，若不进行包装，则无法运输和贮藏。

3. 便于使用

包装可起到指导消费者和方便使用的作用。对消费者来说，包装上的说明、注意事项等对于产品的正确使用和合理保存具有重要意义。

4. 促进销售

商品给消费者的第一印象，不是来自产品的内在质量，而是它的外观包装。产品包装如果美观大方、漂亮得体，就能吸引消费者，并激发消费者的购买欲望。

5. 增加价值

如果包装设计美观大方，就能提高产品的附加值，使用户愿意支付较高的价格购买产品，从而使企业增加利润。

二、农产品的包装设计

（一）农产品的包装设计理念

包装设计不仅是设计包装产品，更是设计产品品牌形象，明确产品特性，反映消费者心理。包装设计除了满足保护产品、贮存产品等基本功能以外，还要美观，有一定的文化内涵，有独特的卖点，这样才能吸引消费者，获得较好的经济效益。好的农产品包装可以减少农产品在贮藏和运输过程中不必要的二次污染，同时对农产品品牌也起到良好的宣传效果，一举两得。

（二）商品包装的标识与标记

农产品生产企业、农民专业合作经济组织以及从事农产品收购的单位或者个人包装销售的农产品，应当在包装物上标注或者附加标识标明产品名、产地、生产者或者销售者名称、生产日期等。有分级标准或者使用添加剂的，还应当标明产品质量等级或者添加剂名称。未包装的农产品，应当采取附加标签、标识牌、标识带、说明书等形式标明农产品的产品名、生产地、生产者或者销售者名称等内容。

农产品标识所用文字应当使用规范的中文。标识标注的内容应当准确、清晰、显著。获得的绿色食品、有机农产品等质量标志使用权的农产品，应当标注相应标志和发证机构。禁止冒用绿色食品、有机农产品等质量标志。畜禽及其附属产品、属于农业转基因生物的农产品，还应当按照有关规定进行标识。

第二节　农产品的价格策略

一、农产品价格的形成

价格和收入在农产品营销决策中起着非常重要的作用。市场需求和经营者追求利润把低价值的农产品转移到高价值的农产品市场中。然而，成本、价格、收入和利润是有效调节农产品营销策略的根本因素。

（一）影响农产品价格的因素

影响农产品价格的因素主要包括：国家宏观政策、经济环境等；消费者的收入、习惯、需求量等；经营者的生产决策以及生产规模；经营者的增值服务、采购成本、流通成本、营销成本等；天气、病虫害等一些不可预测因素；农产品的替代品多而复杂，也是影响农产品价格的重要因素。

（二）农产品价格的特点及变动规律

农产品价格与工业品价格相比，有价格变动频繁、变动幅度大和地区差异大等特点。

尽管农产品的市场价格变动频繁，但这种变动又是有规律可循的，这就是农产品价格的季节变动规律和周期变动规律。

1. 季节变动规律

农产品随季节变动的规律主要是由农产品季节性生产规律所决定的。例如，草莓生长在春天，桃盛产在夏天，苹果到秋天才上市。农产品生产具有季节性，而人们的消费却是常年性的，因此，使农产品的价格随季节不同而变化。一般来说，应季农产品供应量大，价格相对较低；过季农产品需要贮存与加工，且供应量减小，价格相对较高。

2. 价格周期变动规律

价格周期变动规律是指市场价格发生变动引起需求量变动，而农产品生产不能立即做出反应，只有等到下一个生产周期才能调整生产，调整了之后可能又会出现新一轮的变动，如此周期性地循环。

3. 经济发展周期的变动规律

在经济高速发展时期，就业率和收入快速提高，增加了对农产品的需求，从而刺激农产品价格的上升；反之，经济发展速度降低后，就业率和收入增长放缓，对农产品的需求也随之减弱，从而引起农产品价格下降。

4. 节假日需求周期性的变动规律

节假日需求的变化导致市场供求量的变化。如春节和中秋节，消费者的需求激增，农产品的供应量往往是平时的数倍，节后需求量骤减，导致价格出现明显变动。春节前的农产品，不是一天一个价，而是价格随时都在变动，增幅甚至可能是数倍的变化。

（三）农产品的定价目标

影响农产品价格的因素虽然很多，但是，农产品的定价目标是农产品经营者的具体任务，它是确定价格策略和营销策略的重要依据。农产品的定价目标主要有以下五种。一是以生存为目标，就是在激烈的竞争中，经营者处于不利的市场环境中实行的一种缓兵之计，只能作为短期行为目标。二是以利润最大化为目标。这是只有该农产品在市场中处于有利地位时，才可以选用的方式。三是以增加销售量为目标，为了降低单位产品的成本，通过增加销售量达到盈利的方式，主要吸引对价格敏感的消费者。四是以市场占有率为目标，这是在市场竞争中，为了增加市场占有率，提高市场控制能力，阻止竞争者进入的措施。五是以适应市场为目标，这是为了稳步进入市场，以竞争者的价格作为定价基础，与竞争者保持相对稳定的关系，避免价格战的策略。

二、农产品的定价方法

农产品经营者往往需要根据不同的情况、不同的定价目标，采取不同的定价方法。

（一）成本加成定价法

成本加成定价法是以产品单位成本为基本依据，再加上预期利润来确定价格的方法。

其优点是：方法简单；同时，在考虑生产者合理利润的前提下，当顾客需求量大时，价格显得更公道。

其缺点是：未考虑市场价格及需求变动的影响；未考虑市场竞争问题；不利于农产品经营者降低产品成本。

克服成本加成定价法不足的方法：农产品经营者可按产品的需求价格弹性的大小来确定成本加成比例，成本加成比例和价格是否确定合理，主要依赖于需求价格弹性估计的准确程度。这就需要经营者密切注视市场，只有通过对市场进行调查、详细分析，才能估计出较准确的需求价格弹性，从而制定出正确的产品价格，增强农产品经营者在市场中的竞争能力，增加农产品经营者的利润。否则，无法达到预期目标。

（二）需求导向定价法

需求导向定价法是依据消费者对农产品价值的理解和需求差别来制定价格的方法。例如，相同的农产品因消费者需求和认识的差别，可以采用不同的价格。

在产品供过于求时，农产品经营者运用需求导向法定价，效果会更好。这种定价方法以销售地点、销售时间、产品质量、销售方式等发生变化所产生的需求差异为定价依据，对同一产品，根据不同的需求制定不同的价格。其主要包括根据地区差异定价、根据季节差异定价、根据质量差异定价、根据购销差异定价及根据批零差异定价。

采用这种定价方法，需要搞好市场细分，各细分市场的需求差异比较明显，防止"转手倒卖"，同时，实行差异定价要有充足的理由，避免引起顾客的反感；还应注意不能因实行差异定价增加过大的开支，否则得不偿失。

（三）竞争导向定价法

竞争导向定价主要的形式是随行就市定价法。随行就市定价法常用于质量差异不大、竞争激烈的产品，或者成本不易测算、市场需求和竞争者反应难以预料的产品。其优点：一是容易被消费者所接受，因为通行价格往往被人们认为是"合理价格"；二是可以使自己获得平均利润；三是可以避免挑起激烈的价格战，造成两败俱伤。

随行就市定价法是农产品定价最常用的方法。其主要是根据生产季节、货源供应情况及产品质量等随行就市定价。

三、农产品定价策略

（一）折扣定价策略

折扣定价策略是为了鼓励消费者及时付款、大量购买等采用低于基本价的策略,主要包括现金折扣、数量折扣、季节折扣等方式。

(二) 心理定价策略

心理定价策略是针对消费者的不同消费心理,制定相应价格,以满足不同类型消费者需求的策略。

心理定价策略一般包括尾数定价、整数定价、习惯定价、最小单位定价。

(三) 促销定价策略

农产品属于价格敏感性的大众消费品,常运用促销价格以吸引眼球,增加销售的策略。

促销定价策略常在节假日进行,如节假日的"买一送一""大酬宾"等优惠活动,都是以招揽顾客为目标的定价策略。

(四) 品牌定价策略

一般消费者都有面子需求,经营者将有品牌的产品,制定比市场中同类产品价格高的价格,能有效地消除消费者心理障碍,使消费者不但产生信任感和安全感,而且会有面子。

(五) 新品定价策略

新品定价策略常根据新品的特征选择不同的价格策略。

当经营的新品供应不足,或是培育的新、奇特品种,采用撇脂定价法,其价格要高出其价值的几倍或十几倍,以获取最大的利润。

当经营者的新品需求弹性较大,价格低,销量大,价格高,销量就显著下降时,采用渗透定价法,其价格定得较低,可让产品迅速占领市场。

当经营者的新品具有显著的特征,又不是必需的产品,常采用适中的价格,这种定价策略可能使经营者和顾客都比较满意。这种定价策略适宜于优质、特色的农产品。

第三节　农产品的销售渠道

农民专业合作社生产出的农产品怎么才能卖得出去，卖个好价钱呢？这是营销的核心价值，很重要的一点就是找到适合自己的销售渠道。目前，农民专业合作社大多采取地头销售、中间人、农超对接、直营店和网络直销等形式。

一、地头销售、中间人模式

很多规模较小的农民专业合作社都采用这种形式。

这种形式的好处是农产品直接进入批发销售环节，销售流通成本较低，比较省心；不足之处是由于产品是卖给批发环节，销售价格一般都很低，而且波动大，容易受控制，合作社相对处于被动地位，而又承担风险。这就是老百姓常说的"种菜的不如倒菜的"。

二、企业带动模式

企业带动模式即以农民专业合作社为组织载体，通过订单、合同、保护价收购等形式，使生产初级农产品的农户，与农产品加工销售企业建立的一种稳定的产供销关系，进而形成的一种产销连接、相互依存、共同发展的利益机制。这是农民合作社常见且风险较小的产品销售方式，降低了交易成本，减少了市场风险，农民取得了稳定的生产收入。

三、农超对接

这是一种较为流行的销售模式。农超对接模式即组织有一定规模且标准化程度高、生产基础条件好的农民专业合作社，直接与大中型超市签订供销协议。通过与超市合作，有效组织分散农户与市场进行对接，实现农产品统一销售，减少流通环节，降低流通成本百分之二十至百分之三十，节约了成本，合作社的农产品在质量及价格上都得到了有效的提升，不但给消费者带来了实惠，增加了农民收入，而且也为合作社健康、快速发展起到了积极的促进作用，实现了商家、成员、消费者共赢。

四、农社对接

农社对接即农民专业合作社采取直销方式，如专营店、专柜或直销店。直销的优点是可以直接控制产品的价格，减少中间环节利润的流失，增加合作社销售收入；缺点是产品单一，无法满足居民购菜的多样化需要。农民专业合作社主要从事一种或几种农产品的种养活动，品种少、产量小、季节性强，产品供应不稳定，时常出现难以满足社区菜店常年均衡供应的需要。农社对接这种销售模式对合作社的要求较高，一般应具备一定的经济实力、较强的营销能力和数量较大的产品规模。

五、网络销售

随着互联网的迅速普及以及网络支付、移动支付、物联网等新兴事物的迅速崛起，近年来，网络销售得以快速发展，并大有颠覆传统销售模式之势，农产品的网络销售也随之兴起。大胆使用信息化技术和工具进行农产品营销，包括手机、电脑、网络、物流等必备要素。此种模式不但有效地实现了从地头到餐桌安全农产品供应链建设，实现了农产品的无缝销售，而且使农产品质量安全得以保障，生产者与消费者获得了双赢。

六、观光采摘销售模式

观光采摘销售模式即合作社通过发展观光、休闲、采摘农业,以田园观光采摘形式直接销售农产品。

随着城市居民收入水平的提高及民俗观光旅游业的发展,观光采摘成为越来越多的城市居民休闲、度假、娱乐的一种生活方式,而合作社利用农业与旅游业交叉的方式,增加农产品的附加值,成了一种新的营销模式。

七、产销模式

农产品产销模式是通过农产品产销服务组织,如农产品产销合作社,将传统农业生产扩展到加工、处理、运输,延长农业产业链条的一种模式。一方面,生产前做好规划,生产规划迎合消费者的市场需要,做到产供销一体化。农业是弱质产业,容易受到外在因素的干扰,故应重视危机管理和预警体系的建立,生产前有完善的规划,对可能发生的气候变化、市场风险或其他意外,预先采取防范措施。另一方面,拓宽信息来源渠道,了解市场动态需求。通过多种渠道调查市场动态信息,并将信息灵活运用,选择有利的销售渠道。不仅将产品转型为商品,更要提升为礼品或者艺术品,赋予农产品新的价值,凸显新的文化特色,科学阐释养生功能,提升农业的文化层次和综合价值。

第四节　农产品的品牌化建设

一、品牌化是衡量农业现代化水平的核心标志

(一)品牌对农产品消费者的意义重大

对消费者来讲,耳熟能详的品牌是一种信誉的凝结。品牌一

且在老百姓心目中确立起来，就可以成为象征质量和安全的符号，老百姓就会放心地购买和持续地消费。所以，消费者对农产品的认知度、忠诚度、满意度、美誉度，是测度农业现代化水平的决定性因素。品牌的声誉将逐渐成为农产品消费的主要趋向，特别在多元化消费的时代，品牌的声誉将引导农产品的消费。产品如果得不到消费者的认同，将对现代农业建设成果产生一票否决的影响。

（二）品牌对农业发展方式转变的意义重大

品牌化的过程就是实现区域化布局、专业化生产、规模化种养、标准化控制、产业化经营的过程。品牌化有利于促进农业由资源型或者资源消耗型向资源节约型转变，由数量型、粗放型向质量型、效益型转变。在农业结构调整的重要时期，推进品牌化有重要意义。

（三）品牌对农民增收的意义重大

品牌是无形资产，其价值就在于能够建立稳定的消费群体，形成稳定的市场份额。滞销卖难的农产品很多都没有品牌。我国要充分发挥农耕文化的原生资源优势，加强对农业产业核心资源的提供，实现价值的聚合效应，增加农民收入。

（四）品牌对提高农产品国际竞争力的意义重大

我国是农业大国，不少农产品产量和消费量均居世界第一。但是缺少一批具有国际竞争力的农产品品牌。我国不少优势农产品只能占据低端市场，无法带来更高溢价。因此，要挖掘我国农产品丰富的人文价值，整合国家力量来实现顶层设计与品牌的有效组合，创造中国国家品牌，提高农产品的国际竞争力。

二、农民专业合作社品牌建设的问题

（一）品牌意识不牢

随着市场经济的快速发展以及近年来中央相关政策的大力扶

持，特别是农业部将 2017 年作为农业品牌推进年，让很多农民专业合作社看到了品牌农业是未来农业产业升级的必然趋势，纷纷着手打造自己的品牌。但是，大部分农民专业合作社受自身人员素质不高、专业人才缺乏的制约，对品牌知识缺少积累，仅仅停留在"完成注册便是有了品牌"阶段，没有将品牌视作一项巨大的无形资产，更没有将品牌的打造与农民专业合作社的发展战略相结合。

(二) 管理能力不强

当前，农民专业合作社成员组成基本以农户为单位，在生产中虽有一定程度合作，但更多的是以家庭为单位的分散生产，使得农民专业合作社品牌管理问题十分突出。首先，产品很难做到同牌同质。虽然农产品因自身特性，不可能像工业品一样品质完全相同，但过大的品质差异凸显了管理薄弱，其在生产端的表现是管理不够精细与科学，在消费端的表现为单件商品间品质差异明显，难以形成良好的品牌印象。其次，品牌使用随意性很大。成员在使用品牌时，存在品牌图形标志、品牌名称等混乱的现象，在市场上难以形成统一的品牌印象。此外，不少成员没有严格履行向合作社交付产品的义务，将品质较好的产品单独包装出售，或者出售给出价较高的其他收购者，既影响了农民专业合作社品牌产品的整体体量与质量，又对合作社品牌拓展造成了冲击。

(三) 传播效果不佳

随着信息技术的快速发展，合作社品牌往往被淹没在信息的海洋中，普遍面临"酒香也怕巷子深"的困境。不少合作社较多地强调"合作"功能而弱化"经济"功能，对品牌的传播既缺少足够的动力，也缺乏相应的能力。在传播渠道方面，虽然合作社可借助微信、抖音等平台进行传播，但仍然缺少足够的能够有效触及消费者的传播渠道。在传播内容方面，合作社品牌传播文章内容较为单调，很多都是相关领导的参观活动，即使有对成员、产品的介绍，内容质量也普遍不高，专门针对品牌内涵、品牌文化等的内容更是少之又少。在传播形式方面，文字描述以及现场照片基本涵盖了全部的传播形式，缺少能与潜在消费者或客户群体互动的手段。

三、合作社品牌建设策略

（一）品牌建设科学规范

品牌打造是一项系统工程，需要从多个方面共同完成。在战略层面，品牌的成长与成熟意味着合作社的发展与壮大。因此，合作社应尽早制定品牌发展战略，并将其与整个合作社的发展战略相结合。在操作层面，应注意两个方面的规范。一是产品生产过程中的规范。良好的品质无疑是农产品品牌最核心的要素。合作社要为成员生产提供更多的规范与管理帮助，包括精细的田间管理操作规程、时间节点把控、农资统一管理等。制定合理的分级标准，设定规范的洗选流程，保证流通端商品同牌同品同质。二是在品牌使用中的规范。品牌作为重要的无形资产，其商标图形和名称具有受到法律保护的排他性，合作社应该制定严格的使用授权制度，未授权者不得使用，成员也不可擅自将产品包装、标签等物品交给未授权人使用。品牌商标与名称一旦确定，应严格按照注册内容使用，不能随意变更形状、名称，严格维护品牌形象。

（二）品牌定位精准明晰

区别于其他商品是品牌最初形成的基本功能之一。如今，消费者需求呈现追求品质、个性等多样化多层次特点。合作社既要看到市场需求，同时又要审视自身定位，对品牌精准定位。一是合作社自身发展定位精准。对自身所处发展阶段有精确的定位，根据自身实力开展适当的品牌打造活动。合作社产品的产量、质量都是品牌建设的重要基础，没有可靠的产量保障，品牌影响力很难维持，没有过硬的质量保证，很难形成重复购买，品牌的美誉度与忠诚度无从谈起。二是产品目标群体定位精准。农产品因其自身特性，一方面个体间很难实现品质完全统一，另一方面农产品之间同质化严重。因此，合作社应根据自己产品特性，精确定位目标消费群体，将有限的资源更有效地投入品牌打造中。

(三) 品牌设计好看好用

我国农产品一直以来都以"土"为贵，如土特产、土鸡蛋、土猪肉等。这种思想导致了一直以来包括产品包装在内的农产品视觉系统缺少真正的设计，没有跟上时代的步伐。在品牌设计中，合作社应侧重从两个层面进行提升。一是实用美。在现代商业美学中，商品包装的易用性、安全性与功能性都是美的组成部分。当前，很多合作社产品包装都是简单地"包"上"装"起来，让产品不再零散便完成了，忽略了消费者在使用中的体验。合作社在产品包装的设计中要注重功能性与实用性，在提供产品保护的同时方便携带、方便使用。二是观赏美。一件赏心悦目的商品总是能够给消费者带来单纯商品功能以外的心理满足与价值感受，这就要求在品牌设计中注意专业的艺术设计与视觉传达。这方面有很多成功的案例，值得合作社学习借鉴。

(四) 品牌传播顺势借力

在品牌建设中，合作社自身资源与实力有限，要善于借助外部力量。近几年的中央一号文件都有涉及农业品牌化的内容，社会各界也非常关注农业品牌建设。合作社应抓住机会、顺势而为，积极对接各类资源，讲好自己的故事，让自己品牌的精神、文化与内涵为更多人所了解。此外，随着农业品牌化的大力推进，各地政府品牌意识不断增强，纷纷利用自有地标产品进行农产品区域公用品牌的升级打造，从品牌战略规划、形象设计、落地执行到传播，都给予了大力投入与支持。合作社可以积极地参与到区域品牌的建设当中，与区域品牌形成品牌联动。一方面，可以借助政府公信力，让区域品牌为自有品牌背书；另一方面，可以通过区域品牌拓展自有品牌的传播渠道，扩大品牌传播的覆盖范围。

第七章 农民专业合作社的人员管理

第一节 农民专业合作社成员的权利和义务

一、农民专业合作社成员的权利

（1）参加成员大会，并享有表决权、选举权和被选举权，按照章程规定对本社实行民主管理。

（2）利用本社提供的服务和生产经营设施。

（3）按照章程规定或者成员大会决议分享盈余。

（4）查阅本社的章程、成员名册、成员大会或者成员代表大会记录、理事会会议决议、监事会会议决议、财务会计报告、会计账簿和财务审计报告。

（5）章程规定的其他权利。

二、农民专业合作社成员承担的义务

（1）执行成员大会、成员代表大会和理事会的决议。

（2）按照章程规定向本社出资。

（3）按照章程规定与本社进行交易。

（4）按照章程规定承担亏损。

（5）章程规定的其他义务。

第二节　农民专业合作社成员身份管理

一、新成员的入社

入社，是指合作社接纳新成员的过程，即在合作社存续期间，现有合作社成员以外的公民、企业、事业单位或者社会组织申请加入合作社并被合作社接纳，从而成为合作社新的成员。考虑到已成立的农民专业合作社，其经营范围、组织机构、财务分配等都已成型，如果有新的成员加入可能会打乱现有模式，有的甚至影响合作社的运行。因此，有必要在法律中对新成员的入社进行规定，防止损害合作社现有成员的权益。根据《农民专业合作社法》第二十四条的规定，申请加入已成立的合作社的新成员，必须是符合本法第十九条规定的公民、企业、事业单位或者社会组织，合作社接纳新成员后要符合第二十条规定的成员构成比例，并且加入已成立的合作社需履行一定的程序。

（一）向理事长或者理事会提出书面申请

理事长是合作社的法定代表人，理事长或者理事会负责具体经营管理工作，全面掌握合作社的情况，新成员要求加入合作社的，应当向理事长或者理事会提出书面申请，理事长或者理事会在提交成员大会或者成员代表大会表决前，可对申请加入者进行简要审核，审核其是否符合《农民专业合作社法》规定的资格条件，本社是否符合《农民专业合作社法》规定的成员构成比例等情况，可向成员大会或者成员代表大会提出是否接纳新成员的意见，供成员大会或者成员代表大会参考，但理事长或者理事会没有决定权，在成员大会或者成员代表大会表决中也仅仅享有一票，最终是否接受新成员应由成员大会或者成员代表大会表决通过。

（二）经成员大会或者成员代表大会表决

成员大会或者成员代表大会，是合作社的权力机关，负责就合作社的重大事项作出决议。吸收新成员入社，对合作社的运营有可能产生影响，属于合作社的重大事项，因此，须经成员大会或者成员代表大会表决通过后，才可吸收新的成员加入。达不到《农民专业合作社法》第三十条规定的本社成员表决权总数过半数通过的，就不能成为合作社的新成员。当然，合作社对表决权数有较高规定的，应按合作社的规定。

二、成员的退社

退社主要有两种情形。一是主动退社，例如，有的成员根据自身实际情况，认为合作社的发展与自己的预期不符而主动提出退社；二是被迫退社，因成员出现了法定事由被除名，使该成员非自愿地失去成员资格。

（一）主动退社

"入社自愿、退社自由"是农民专业合作社坚持的原则，也是合作社成员的基本权利，是成员自主决定是否行使的权利。也就是说成员有自由选择加入合作社的权利，也有要求退出的权利。在生产经营过程中，当有的成员认为合作社提供的服务不方便，提供的服务效益较低，成员不愿意或者客观上不能利用合作社提供的服务时，就可以选择退社。成员自主选择退社的原因多种多样，合作社不能非法限制或禁止。但是，为了不影响合作社的正常运行及其他成员的利益，《农民专业合作社法》第二十五条规定，成员要求退社的应当按照本条或者章程规定的时间提出申请，并办理相关手续后，方可退社。

一是退社申请时间。为了给合作社调整业务的准备时间，成员提出退社申请一般应受提前通知合作社的限制。根据本条规定,自然人成员要求退社的,应当在会计年度终了的三个月前提出;企业、事业单位或者社会组织成员要求退社的,应当在会计年度终了的六个月前提出。合作社可根据自身业务情况,由章程另行规定提出退社申请的期限。

二是退社程序。合作社成员要求退社,是成员行使自己的权利,不需要任何批准,只要向理事长或者理事会提出书面申请,办理相关手续即可。

三是资格终止时间。由于成员退社时,合作社需要对盈余状况进行总结,以确定退社成员的盈余分配和亏损承担份额。因此,成员实际退社的时间还要受方便结算的限制。年度中途成员如随时退社,不仅合作社的事务处理麻烦,业务的执行也会受影响。因此,本条规定退社成员的成员资格自会计年度终了时终止。

需要指出的是,退社自由不是自由退社。实践中,自由退社与任意限制或禁止退社现象都存在。自由退社,使合作社的经营资产始终处于一种不断变动的状态,无法获得更多的商业信用和发展空间,影响合作社的正常运行,导致合作社的效率低下。有的合作社任意限制或禁止退社,主要是为了获得政府扶持资金。当前,有的政府资金支持同合作社成员人数挂钩,合作社为了获取政府扶持资金,不惜通过各种手段增加成员的数量。由于担心成员退社导致政府扶持资金减少或丧失,有的合作社便限制或禁止成员退社。本条关于主动退社的规定,仅仅对退社申请和资格终止的时间作出了规定,可理解为适度限制,有利于保障合作社的正常运行和维护其他成员的权益。

(二) 成员除名

农民专业合作社是为谋求全体成员的共同利益而成立的,当某个成员不遵守农民专业合作社的章程、成员大会或者成员代表大会的决议,或者严重危害其他成员及农民专业合作社利益的,合作社其他成员经过法定程序后,可以对该成员予以除名。但是,除名毕竟是多数成员强制剥夺个别成员资格的行为,应当慎重,否则就有可能产生多数成员联合起来排挤少数成员的情况,损害少数成员的利益。因此,修订后的《农民专业合作社法》专门增加一条,即第二十六条,对成员除名的事由、程序等作出了较为具体的规定,以保障被除名成员的权益不受侵犯。

一是除名的事由。根据本条第一款的规定,合作社成员有下列情形之一的,经成员大会或者成员代表大会表决通过,可以将其除名:不遵守农民专业合作社的章程、成员大会或者成员代表大会的决议;严重危害其他成员及农民专业合作社利益的。本条规定强调的是"严重危害"其他成员及农民专业合作社利益,哪些属于严重危害行为,可由合作社章程具体规定。

二是除名的程序。根据本条第二款和第三款的规定,成员的除名,应当经成员大会或者成员代表大会表决通过。在表决通过前,应当为该成员提供陈述意见的机会。除名,实际上是某个成员的成员资格被其他成员强制剥夺的过程,启动除名程序应当慎重,不能仅由农民专业合作社理事长或经理等几个人说了算,必须启动正式程序,由成员大会或者成员代表大会表决通过。同时,除名对被除名成员的利益影响较大,被除名的成员处于被动状态。为防止其他成员利用除名的形式排挤某一成员,损害合作社及该成员的合法权益,在实施表决通过前,还应当为该成员提供陈述意见的机会,成员大会或者成员代表大会可根据拟被除名成员的陈述意见作出判断,是否将其除名。实施除名既要保护合作社的合法权益不被侵犯,也要保护被除名成员的权益。

三是成员资格的终止时间。根据本条第四款的规定,被除名成员的成员资格自会计年度终了时终止。成员大会或者成员代表大会召开的时间可能与会计年度存在时间差，因此，被除名成员经成员大会或者成员代表大会表决通过后，其成员资格并没有立即终止，需等会计年度终了时终止。

（三）成员退社后其与合作社的合同是否继续履行以及其对合作社的盈余分配和债务分担等问题

无论是主动退社还是被动除名，该成员与合作社的合同是否继续履行以及其对合作社的盈余分配和债务分担等问题，应按照《农民专业合作社法》第二十七条和第二十八等规定处理。即成员资格终止的，除章程另有规定或者与本社另有约定外，成员在其资格终止前与农民专业合作社已订立的合同，应当继续履行；农民专业合作社应当按照章程规定的方式和期限，退还记载在该成员账户内的出资额和公积金份额；对成员资格终止前的可分配盈余，依照《农民专业合作社法》第四十四条的规定向其返还；资格终止的成员应当按照章程规定分摊资格终止前本社的亏损及债务。

第三节　开展农民专业合作社成员教育培训

一、培训需求分析

培训需求分析是培训工作的起点，需求决定培训目标的确立，影响培训课程的设计，对培训的效果起着至关重要的作用。在进行需求分析时，培训主体应与培训客体和培训对象进行充分的信息交流与沟通，根据合作社的需要、培训对象的类型、文化层次等进行分类确定，根据具体的需求有针对性地培训，满足个体自身发展和合作社发展的需要，避免千篇一律式的培训。

二、确定培训目标

在培训实践中,培训对象不同,培训的目标是不一样的。对于普通合作社社员,培训的目标是"生产知识教育",即通过讲座、讨论、学习有关的农业生产基本知识,以提高全体社员的生产能力和减少在农业生产中出现的错误,从而更好地把农业生产中的先进成果运用到具体的实际中,并用正确的手段解决具体的问题;对于管理人员则是通过专业知识的讲授,提高其管理能力。根据目前农民合作社的现实,培训目标可分为:知识目标、能力目标、信念目标。其中,知识目标为基础层次,能力目标是中间层次,而信念目标是最高层次。

三、培训实施管理

培训实施管理是完成培训目标和计划的过程。这个阶段工作主要是确定培训讲师、筛选培训内容、明确培训对象和选择培训方法。

(1)确定培训讲师。合作社的培训讲师应由专业合作社研究方面的专家教授、优秀合作社带头人、农业种养殖技术方面的专业人才及农业科技人员等组成。

(2)筛选培训内容。合作社培训内容应根据培训目标来决定,围绕知识、能力和信念进行设计,其中,知识和能力培训是重点,信念培训是核心。

农民合作社知识培训主要包括合作社的基本概念及理论、农民专业合作社法律法规和相关章程、合作社登记管理相关条例、合作社的组建方法、合作社的各种制度,还包括农业技术知识的培训,如种植技术、嫁接技术、机械化操作技术和先进种养殖技术等。

农民合作社的能力培训主要包括合作社财务会计制度、农产品质量安全、农产品运输贮藏、品牌管理、税收制度、市场经济、经营管理等内容，还包括谈判、营销策略、沟通协调等技能。

信念层面是培训的核心，信念培训的主要内容包括合作社的价值、理念及原则，合作社的文化理念，作为合作社社员应具备的合作、奉献、民主意识等。

（3）明确培训对象。根据我国农民合作社发展的实际，合作社的培训对象包括以下人员：合作社工作人员，如合作社工作者、合作社推广员、合作社辅导员等；合作社管理人员，如合作社理事长、监事长、经营管理层人员；合作社社员；从事合作社管理的各级政府干部、合作社服务机构人员、合作社教育机构人员等。在实际操作中，培训对象不同，培训内容也不同，需要设计针对性的培训方案。

（4）选择培训方法。农民合作社的培训应根据不同的培训对象、内容采取灵活多样的培训方法。农民合作社培训的方法主要有课程讲授、技术讲座、经验讨论、实地操作、远程教育、实地考察、案例研讨、角色扮演和田头学校等。

四、培训效果评估

培训效果评估是检验培训需求分析是否准确、培训目标制定是否恰当、培训内容和方法是否适合、培训实施是否严格的参考标准，是以后培训改进的参考依据，是对此次培训工作的总结和对以后培训工作顺利开展的前提基础，在培训体系中起着十分重要的作用。培训效果评估一般从反应、知识、行为和结果四个层面展开，如表7-1所示。

表 7-1 培训效果评估内容及方法

评估层面	评估内容	评估方法	评估时间
反应	受训者对培训的满意度、受训者对培训的建议	问卷、面谈、学员参与配合情况	培训结束时
知识	受训者的知识、技能、态度、习惯等方面有多大程度的提高和改善	笔试测验、现场演示、讨论、角色扮演	培训结束时、培训结束后半个月
行为	受训者是否应用培训所学于工作,受训者的行为有何改进	观察法、带头人自我评价及合作社会员评价	培训结束 3 个月后
结果	个人及组织的工作质量、绩效是否有所提高,是否达到了预期的培训目标	绩效考核	培训结束后的半年或一年后

第八章 农民专业合作社的财务管理

第一节 资产管理

资产是指合作社过去的交易或者事项形成的、合作社拥有或者控制的、预期会给合作社带来经济利益的资源。合作社的资产按流动性分为流动资产和长期资产。

一、流动资产管理

(一) 货币资金管理

货币资金包括库存现金和银行存款等。

合作社要加强货币资金管理，建立货币资金业务的岗位责任制，明确相关岗位的职责权限。明确审批人和经办人对货币资金业务的权限、程序、责任和相关控制措施。合作社收取现金时手续要完备，使用统一规定的收款凭证。加强现金库存限额管理，合作社取得的所有现金均应及时入账，不准以白条抵库，不准挪用，不准公款私存。合作社要及时、准确地核算现金收入、支出和结存，做到账款相符。要组织专人定期或不定期清点核对现金。合作社要定期与银行、信用社或其他金融机构核对账目。支票和财务印鉴不得由同一人保管。对重要或额度较大的货币资金收支业务，应当集体决策和审批，并建立责任追究制度，防范贪污、侵占、挪用货币资金的行为。本社银行账号、账户不得出租、出借或转让，不得将公款外借，禁止以合作社名义为其他单位和个人提供担保。

(二) 应收款项管理

合作社的应收款项包括本社成员和非本社成员的各项应收及暂付款项。合作社对拖欠的应收款项要采取切实可行的措施积极催收。对确实无法收回的应收及暂付款项，按规定程序批准核销。

(三) 存货管理

合作社的存货包括种子、化肥、燃料、农药、原材料、机械零配件、低值易耗品、农产品、工业产成品、受托代销商品、受托代购商品、委托代销商品和委托加工物资等。

存货按照下列原则计价：购入的物资按照买价加运输费、装卸费、运输途中的合理损耗等计价；受托代购商品视同购入的物资计价；生产入库的农产品和工业产成品，按生产过程中发生的实际支出计价；委托加工物资验收入库时，按照委托加工物资的成本加上实际支付的全部费用计价；受托代销商品按合同或协议约定的价格计价，出售受托代销商品时，实际收到的价款大于合同或协议约定价格的差额计入经营收入，实际收到的价款小于合同或协议约定价格的差额计入经营支出；委托代销商品按委托代销商品的实际成本计价。领用或出售的出库存货成本的确定，可在先进先出法、加权平均法、个别计价法等方法中任选一种，但是一经选定，不得随意变动。

合作社要加强存货管理，建立保管人员岗位责任制。存货入库时，保管员清点验收入库，填写入库单；出库时，由保管员填写出库单，主管负责人批准，领用人签名盖章，保管员根据批准后的出库单出库。

合作社对存货要定期盘点核对，做到账实相符，年末必须进行一次全面的盘点清查。盘亏、毁损和报废的存货，按规定程序批准后，按实际成本扣除应由责任人或者保险公司赔偿的金额和残料价值后的余额，计入其他支出。

二、长期资产管理

长期资产是指不能够或者不准备在一年（含一年）或超过一年的一个营业周期内变现或耗用的资产。具体包括农业资产、对外投资、固定资产和无形资产等。

（一）农业资产管理

合作社的农业资产包括牲畜（禽）资产和林木资产等。

农业资产按下列原则计价：购入的农业资产按照购买价及相关税费等计价；幼畜及育肥畜的饲养费用、经济林木投产前的培植费用、非经济林木郁闭前的培植费用按实际成本计入相关资产成本；产役畜、经济林木投产后，应将其成本扣除预计残值后的部分在其正常生产周期内按直线法分期摊销，预计净残值率按照产役畜、经济林木成本的百分之五确定，已提足折耗但未处理仍继续使用的产役畜、经济林木不再摊销；农业资产死亡毁损时，按规定程序批准后，按实际成本扣除应由责任人或者保险公司赔偿的金额后的差额，计入其他收支；合作社其他农业资产，可比照牲畜（禽）资产和林木资产的计价原则处理。

（二）对外投资管理

合作社根据国家法律、法规规定，可以采用货币资金、实物资产或者购买股票、债券等有价证券方式向其他单位投资。

合作社的对外投资按照下列原则计价。

以现金、银行存款等货币资金方式向其他单位投资的，按照实际支付的款项计价。

以实物资产（含牲畜和林木）方式向其他单位投资的，按照评估确认或者合同、协议确定的价值计价。

合作社以实物资产方式对外投资，其评估确认或合同、协议确定的价值必须真实、合理，不得高估或低估资产价值。实物资产重估确认价值与其账面净值之间的差额，计入资本公积。

合作社对外投资分得的现金股利或利润、利息等计入投资收益。出售、转让和收回对外投资时，按实际收到的价款与其账面余额的差额，计入投资收益。

合作社要加强对外投资业务管理，明确审批人和经办人的权限、程序、责任和相关控制措施。合作社的对外投资业务（包括对外投资决策、评估及其收回、转让与核销），应当由理事会提交成员大会决策，严禁任何个人擅自决定对外投资或者改变成员大会的决策意见。合作社应当建立对外投资责任追究制度，对在对外投资中出现重大决策失误、未履行集体审批程序和不按规定执行对外投资业务的人员，应当追究相应的责任。合作社应当对对外投资业务各环节设置相应的记录或凭证，加强对审批文件、投资合同或协议、投资方案书、对外投资有关权益证书、对外投资处置决议等文件资料的管理，明确各种文件资料的取得、归档、保管、调阅等各个环节的管理规定及相关人员的职责权限。合作社应当加强对投资收益的控制，对外投资获取的利息、股利以及其他收益，均应纳入会计核算，严禁设置账外账。

（三）固定资产管理

合作社的房屋、建筑物、机器、设备、工具、器具和农业基本建设设施等，凡使用年限在一年以上、单位价值在五百元以上的列为固定资产。有些主要生产工具和设备，单位价值虽低于规定标准，但使用年限在一年以上的，也可列为固定资产。

合作社以经营租赁方式租入和以融资租赁方式租出的固定资产，不应列作合作社的固定资产。

合作社应当根据具体情况分别确定固定资产的入账价值。

(1) 购入的固定资产不需要安装的，按实际支付的买价加采购费、包装费、运杂费、保险费和缴纳的有关税金等计价；需要安装或改装的，还应加上安装费或改装费。

(2) 新建的房屋及建筑物、农业基本建设设施等固定资产，按竣工验收的决算价计价。

(3) 接受捐赠的全新固定资产，应按发票所列金额加上实际发生的运输费、保险费、安装调试费和应支付的相关税金等计价；无所附凭据的，按同类设备的市价加上应支付的相关税费计价。接受捐赠的旧固定资产，按照经过批准的评估价值或双方确认的价值计价。

(4) 在原有固定资产基础上进行改造、扩建的，按原有固定资产的价值，加上改造、扩建工程而增加的支出，减去改造、扩建工程中发生的变价收入计价。

(5) 投资者投入的固定资产，按照投资各方确认的价值计价。

合作社必须建立固定资产折旧制度，按年或按季、按月提取固定资产折旧。固定资产的折旧方法可在平均年限法、工作量法等方法中任选一种，但是一经选定，不得随意变动。合作社应当对所有的固定资产计提折旧，但是，已提足折旧仍继续使用的固定资产除外。合作社当月或当季度增加的固定资产，当月或当季度不提折旧，从下月或下季度起计提折旧；当月或当季度减少的固定资产，当月或当季度照提折旧，从下月或下季度起不提折旧。固定资产提足折旧后，不管能否继续使用，均不再提取折旧；提前报废的固定资产，也不再补提折旧。

固定资产变卖和清理报废的变价净收入与其账面净值的差额计入其他收支。固定资产变价净收入是指变卖和清理报废固定资产所取得的价款减清理费用后的净额。固定资产净值是指固定资产原值减累计折旧后的净额。

合作社要加强固定资产管理，建立人员岗位责任制。应当定期对固定资产盘点清查，做到账实相符，年度终了前必须进行一次全面的盘点清查。盘亏及毁损的固定资产，应查明原因，按规定程序批准后，按其原价扣除累计折旧、变价收入、过失人及保险公司赔款之后，计入其他支出。

合作社的在建工程指尚未完工，或虽已完工但尚未办理竣工决算的工程项目。在建工程按实际消耗的支出或支付的工程价款计价。形成固定资产的在建工程完工交付使用后，计入固定资产。对正在施工的建筑工程和安装工程，要求施工单位将工程项目进度及时报送，按相关规定审查工程进度，按工程实际完成情况支付工程款，建立严格的工程款支付责任制度和制约程序。对金额较大的在建工程项目应约定质保期和质保金。在建工程部分发生报废或者毁损，按规定程序批准后，按照扣除残料价值和过失人及保险公司赔款后的净损失，计入工程成本。单项工程报废以及由于自然灾害等非常原因造成的报废或者毁损，其净损失计入其他支出。

(四) 无形资产管理

合作社的无形资产是指合作社长期使用但是没有实物形态的资产，包括专利权、商标权、非专利技术等。无形资产按取得时的实际成本计价，并从使用之日起，在预计使用年限内平均摊销，计入成本费用。转让无形资产取得的收入，计入其他收入；转让无形资产的成本，计入其他支出。

三、资产盘点管理

每年年末，合作社应当对应收款项、存货、对外投资、农业资产、固定资产、无形资产等资产进行全面检查，对于已发生损失但尚未批准核销的各项资产，应在资产负债表补充资料中予以披露。这些资产包括：①确实无法收回的应收款项；②盘亏、毁损和报废的存货；③无法收回的对外投资；④死亡毁损的农业资产；⑤盘亏、毁损和报废的固定资产及在建工程；⑥注销和无效的无形资产。

合作社应当定期或不定期对与资产有关的内部控制制度进行监督检查，对发现的薄弱环节，应当及时采取措施，加以纠正和完善。

第二节 负债管理

负债是过去的交易、事项形成的现时义务，履行该义务预期会导致经济利益流出合作社。合作社的负债分为流动负债和长期负债。

一、流动负债管理

流动负债是指偿还期在一年以内（含一年）的债务，包括短期借款、应付款项、应付工资、应付盈余返还、应付剩余盈余等。

短期借款主要是指合作社从银行、信用社或其他金融机构，以及外部单位和个人借入的期限在一年以下的各种借款。应付款项主要是指合作社与非成员之间发生的各种应付及暂收款项，包括因购买产品物资和接受劳务、服务等应付的款项以及应付的赔款、利息。应付工资是指合作社应支付给管理人员及固定员工的工资总额，包括在工资总额内的各种工资、奖金、津贴、补助等；合作社支付给临时人员的报酬，不通过应付工资核算。应付盈余返还是指合作社按成员与本社交易量（额）比例返还给成员的盈余，返还给成员的盈余不得低于可分配盈余的百分之六十。应付剩余盈余是指合作社以成员账户中记载的出资额和公积金份额，以及本社接受国家财政直接补助和他人捐赠形成的财产平均量化到本社成员的份额，按比例分配给本社成员的剩余可分配盈余。

二、长期负债管理

长期负债是指偿还期超过一年以上（不含一年）的债务，包括长期借款、专项应付款等。长期借款主要是指合作社从银行、信用社或其他金融机构，以及外部单位和个人借入的期限在一年以上（不含一年）的各种借款。专项应付款是指合作社接受国家财政直接补助的资金。

合作社的负债按实际发生的数额计价，利息支出计入其他支出。对因债权人特殊原因确实无法支付的应付款项，计入其他收入。

合作社要加强借款业务管理，明确审批人与经办人的权限、程序、责任和相关控制措施。不得由同一人办理借款业务的全过程。合作社应当对借款业务按章程规定进行决策和审批，并保留完整的书面记录。合作社应当在借款各环节设置相关的记录、填制相应的凭证，并加强有关单据和凭证的相互核对工作。合作社应当加强对借款合同等文件和凭证的管理。合作社应当定期或不定期对借款业务内部控制进行监督检查，对发现的薄弱环节，应及时采取措施，加以纠正和完善。

第三节　所有者权益管理

所有者权益是合作社所有者在合作社享有的经济利益，其金额为资产减去负债后的余额。合作社的所有者权益包括股金、专项基金、资本公积、盈余公积、未分配盈余等。股金是合作社通过成员入社出资、投资入股、公积金转增等形成的。专项基金是合作社通过国家财政直接补助转入和他人捐赠形成的。资本公积是成员入社投入的，但不能构成"股金"的货币资金和实物资产。合作社收到成员入社投入的资产，应按双方确认的价值计入相关资产，按享有合作社注册资本的份额计入股金，双方确认的价值与按享有合作社注册资本的份额计算的金额的差额，计入资本公积。盈余公积是合作社按照章程规定或成员大会决定，从当年盈余中提取的具有专门用途的基金。未分配盈余是合作社留于以后年度分配的盈余，其计算公式如下：

未分配盈余=本年盈余+年初未分配盈余–本年已分配盈余

合作社的本年盈余计算公式如下：

本年盈余=经营收益+其他收入–其他支出

其中：

经营收益=经营收入+投资收益–经营支出–管理费用

投资收益是指投资所取得的收益扣除发生的投资损失后的数额，包括对外投资分得的利润、现金股利和债券利息，以及投资到期收回或者中途转让取得款项高于账面余额的差额等。投资损失包括投资到期收回或者中途转让取得款项低于账面余额的差额。

合作社在进行年终盈余分配工作以前，要准确地核算全年的收入和支出；清理财产和债权、债务，真实完整地登记成员个人账户。

第四节　收入与成本费用管理

一、收入管理

合作社的经营收入是指合作社为成员提供农业生产资料的购

买，农产品的销售、加工、运输、贮藏以及与农业生产经营有关的技术、信息等服务取得的收入，以及销售合作社自己生产的产品、对非成员提供劳务等取得的收入。合作社一般应于产品物资已经发出，服务已经提供，同时收讫价款或取得收取价款的凭据时，确认经营收入的实现。

合作社的其他收入是指除经营收入以外的收入。如罚款收入、违约金收入、存款利息收入等。

合作社按照《农民专业合作社财务制度》建立健全各种会计账簿，进行会计核算；合作社的所有收入一律纳入账内核算，不准设账外账，合作社的收入业务使用专门的收据，不准匿报收入，等等。

合作社要加强销售业务管理，明确审批人与经办人的权限、程序、责任和相关控制措施。合作社应当按照规定的程序办理销售和发货业务。应当在销售与发货各环节设置相关的记录、填制相应的凭证，并加强有关单据和凭证的相互核对工作。合作社应当按照有关规定及时办理销售收款业务，应将销售收入及时入账，不得账外设账。合作社应当加强销售合同、发货凭证、销售发票等文件和凭证的管理。

二、成本费用管理

合作社要加强采购业务管理，明确审批人与经办人的权限、程序、责任和相关控制措施。合作社应当按照规定的程序办理采购与付款业务。应当在采购与付款各环节设置相关的记录、填制相应的凭证，并加强有关单据和凭证的相互核对工作。在办理付款业务时，应当对采购发票、结算凭证、验收证明等相关凭证进行严格审核。合作社应当加强对采购合同、验收证明、入库凭证、采购发票等文件和凭证的管理。

（1）生产成本。合作社的生产成本是指合作社直接组织生产或对非成员提供劳务等活动所发生的各项生产费用和劳务成本。

（2）经营支出。合作社的经营支出是指合作社为成员提供农业生产资料的购买，农产品的销售、加工、运输、贮藏以及与农业生产经营有关的技术、信息等服务发生的实际支出，以及因销售合作社自己生产的产品、对非成员提供劳务等活动发生的实际成本。

（3）管理费用。管理费用是指合作社管理活动发生的各项支出，包括管理人员的工资、办公费、差旅费、管理用固定资产的折旧、业务招待费、无形资产摊销等。

（4）其他支出。其他支出是指合作社除经营支出、管理费用以外的支出。

第五节 盈余分配管理

一、盈余分配规定

分配制度是农民专业合作社财产制度的核心组成部分，不仅是合作社产权结构、内部治理机制的重要体现，也是合作社经济绩效的直接反映。与此同时，农民专业合作社的盈余分配规则又与社员出资密切相关。根据《农民专业合作社法》关于"财务管理"的规定以及2022年印发的《农民专业合作社财务制度》的相关规定，我国农民专业合作社盈余分配制度主要包括三方面内容。

（一）可分配盈余及其构成

作为特殊的经济组织形式，农民专业合作社的业务活动有其自身特点，即为成员提供服务而开展业务。但法律为适应农民专业合作社发展的实际，又赋予合作社章程就一些具体经济活动事项作出具体规定的权利，如是否为非成员服务及其服务价格等。因此，农民专业合作社的业务活动既包括为成员提供服务，也包括为非成员提供服务。其中，合作社成员与农民专业合作社的交易为内部交易，非成员与农民专业合作社的交易则为外部交易。基于农民专业合作社的经济组织特性，法律将农民专业合作社的总收入扣除各项支出后的部分，以"盈余"概念界定，与公司的利润概念相区分。结合农民专业合作社业务活动的特点，合作社盈余在来源上，包括内部交易和外部交易产生的盈余，以及合作社对外投资产生的收益。而在弥补亏损、提取公积金后的当年盈余，则为农民专业合作社的可分配盈余，即盈余中依法向成员返还或者分配的部分。

（二）盈余分配原则与规则

作为合作社盈余分配的重要依据，农民专业合作社应当为每个成员设立成员账户，主要记载该成员的出资额、量化为该成员的公积金份额以及该成员与本社的交易量（额），即成员账户主要记载成员出资和交易量（额）。作为主要为成员服务的互助性经济组织，农民专业合作社的盈余分配遵循惠顾返还原则，即可分配盈余按成员与本社的交易量（额）比例返还的返还总额不得低于可分配盈余的百分之六十。此外，为调动成员出资的积极性，充分考虑成员出资在合作社运作和获得盈余中的作用以及适当保护出资成员的利益，法律同时也允许部分可分配盈余以成员账户记载的成员出资为依据进行分配，具体来说，就是返还后的剩余部分，以成员账户中记载的出资额和公积金份额，以及本社接受国家财政直接补助和他人捐赠形成的财产平均量化到成员的份额，按比例分配给本社成员。

(三) 可分配盈余转出资规定

成员出资的来源，除成员履行章程规定义务的出资和公积金量化而来的出资外，还包括由可分配盈余转化而来的出资。经成员（代表）大会决议通过，可以将全部或者部分可分配盈余转为对合作社的出资，并记载在成员账户中。

二、盈余分配的制定

具体分配办法按照章程规定或者经成员（代表）大会决议确定。农民专业合作社的理事长或者理事会应当按照章程规定，组织编制年度业务报告、盈余分配方案、亏损处理方案以及财务会计报告，于成员大会召开的十五日前，置备于办公地点供成员查阅。

第六节 合作社成员账户管理

根据《农民专业合作社法》相关规定，农民专业合作社成立后，应当为每位成员设立成员账户，记载成员的出资额、公积金量化金额、国家财政扶持资金和接受他人捐赠量化金额、成员交易情况及盈余分配情况。

（1）出资额管理。农民专业合作社成员可以货币、实物、知识产权及其他非货币财产作价出资，出资额应记载于成员账户中。

（2）国家财政扶持资金和接受捐赠量化金额管理。农民专业合作社接受的国家财政直接补助和他人捐赠，均按章程规定的方法确定的金额入账，作为本社的资金（产），按照规定用途和捐赠者意愿用于本社的发展；所形成的财产平均量化为成员份额（该份额作为合作社成员参与剩余盈余分配的比例依据），并记载在成员个人账户中,但成员在中途退社时不能退还这部分资金形成的财产。在解散、破产清算时,由国家财政直接补助形成的财产,不得作为可分配剩余资产分配给成员,处置办法按照国家有关规定执行;接受他人的捐赠,与捐赠者另有约定的,按约定办法处置。

(3)成员与合作社之间的产品交易明细情况应如实记录在"农民专业合作社成员交易明细账"中,同时可根据实际需要将明细或总体情况在成员账户中予以记载,作为合作社盈余分配和剩余盈余分配的依据。产品交易的账务处理需通过成员往来科目进行核算。

具体分配办法按照章程规定或者经成员大会决议确定。

第九章　农民专业合作社的法规政策

第一节　农民专业合作社的法律法规

一、农民专业合作社主要法律法规

2007年7月1日，第十届全国人民代表大会常务委员会通过的《中华人民共和国农民专业合作社法》正式实施，并于2017年12月27日修订。

2007年，以中华人民共和国国务院令的形式公布《农民专业合作社登记管理条例》。2022年3月1日起，《中华人民共和国市场主体登记管理条例》施行，《农民专业合作社登记管理条例》同时废止。

2009年，农业部等11部门发布《关于开展农民专业合作社示范社建设行动的意见》。

2010年，农业部等11部门发布《农民专业合作社示范社创建标准（试行）》。

2013年，工商总局、农业部发布《关于进一步做好农民专业合作社登记与相关管理工作的意见》。

2013年，农业部等9部门发布《国家农民专业合作社示范社评定及监测暂行办法》。

2014年，农业部等9部门发布《关于引导和促进农民合作社规范发展的意见》。

2018年，农业农村部发布《农民专业合作社示范章程》《农民专业合作社联合社示范章程》。

2019年，中央农村工作领导小组办公室、农业农村部等11部门和单位联合印发《关于开展农民合作社规范提升行动的若干意见》。

2019年，农业农村部等9部门联合发布《国家农民合作社示范社评定及监测办法》。

2020年，农业农村部发布《新型农业经营主体和服务主体高质量发展规划（2020—2022年）》。

2021年，农业农村部办公厅发布《关于建立"空壳社"治理长效机制促进农民合作社规范发展的通知》。

2022年，财政部和农业农村部联合印发《农民专业合作社财务制度》。

二、历年中央一号文件关于农民专业合作社的论述

2012年中央一号文件指出，引导农民专业合作社规范开展信用合作；支持农民专业合作社兴办农产品加工企业或参股龙头企业；支持农民专业合作社在城市社区增加直供直销网点，形成稳定的农产品供求关系。

2013年中央一号文件指出，实行部门联合评定示范社机制，分级建立示范社名录，把示范社作为政策扶持重点；安排部分财政投资项目直接投向符合条件的合作社，引导国家补助项目形成的资产移交合作社管护。

2014年中央一号文件指出，鼓励发展专业合作、股份合作等多种形式的农民合作社；允许财政项目资金直接投向符合条件的合作社，允许财政补助形成的资产转交合作社持有和管护，有关部门要建立规范透明的管理制度。

2015年中央一号文件指出，推进合作社与超市、学校、企业、社区对接；引导农民专业合作社拓宽服务领域，促进规范发展，实行年度报告公示制度，深入推进示范社创建行动；引导农民以土地经营权入股合作社和龙头企业。

2016年中央一号文件指出，积极扶持农民发展休闲旅游业合作社。支持供销合作社创办领办农民合作社；鼓励发展股份合作；加强农民合作社示范社建设，支持合作社发展农产品加工流通和直供直销。

2017年中央一号文件指出，加强农民合作社规范化建设，积极发展生产、供销、信用"三位一体"综合合作。大力发展乡村休闲旅游产业，鼓励农村集体经济组织创办乡村旅游合作社，或与社会资本联办乡村旅游企业。

2018年中央一号文件指出，突出抓好家庭农场和农民合作社两类新型农业经营主体，开展农民合作社规范提升行动，深入推进示范合作社建设，建立健全支持家庭农场、农民合作社发展的政策体系和管理制度。

2019年中央一号文件指出，分别从完善财政税收政策、加强基础设施建设、改善金融信贷服务、扩大保险支持范围、鼓励拓展营销市场、支持人才培养引进六个方面，对包括农民专业合作社在内的新型经营主体给予政策支持。

2020年中央一号文件指出，深入开展农民合作社规范提升行动，扎实推进农民合作社质量提升整县试点；打造一批农业产业化联合体，与小农户、家庭农场和农民专业合作社建立基地共建、资源共享的利益联结机制。

2021年中央一号文件指出，推进农民合作社质量提升，加大对运行规范的农民合作社扶持力度。深化供销合作社综合改革，开展生产、供销、信用"三位一体"综合合作试点，健全服务农民生产生活综合平台。

2022年中央一号文件指出,聚焦关键薄弱环节和小农户,加快发展农业社会化服务,支持农民合作社、基层供销合作社等各类主体大力发展单环节、多环节、全程生产托管服务,开展订单农业、加工物流、产品营销等,提高种粮综合效益。

2023年中央一号文件指出,实施新型农业经营主体提升行动,指导农民合作社加强规范管理。深入开展社企对接,推进示范社"四级联创",健全农民合作社规范管理长效机制。全面推行家庭农场"一码通"管理服务制度,推广应用"家庭农场随手记"记账软件,支持有条件的小农户成长为家庭农场、家庭农场组建农民合作社、合作社根据发展需要办企业。

第二节　农民专业合作社的扶持政策

一、建设项目扶持

《农民专业合作社法》第六十四条规定,国家支持发展农业和农村经济的建设项目,可以委托和安排有条件的农民专业合作社实施。

支持合作社承担相关涉农项目,是支持合作社发展的一项重要措施。只要是适合合作社承担的涉农建设项目,都应将合作社纳入申报范围,明确申报条件,涉农项目主管部门应当积极支持有条件的合作社参与涉农项目建设。目前,农业农村部蔬菜园艺作物标准园创建、畜禽规模化养殖场创建、水产健康养殖示范场创建、新一轮"菜篮子"工程、粮食高产创建、标准化示范项目、国家农业综合开发项目等相关涉农项目,已开始委托有条件的合作社承担。农业农村部、国家发展和改革委员会等部门对支持合作社承担相关涉农项目作了细化规定，主要有以下几个方面。

1. 支持范围

支持农业生产、农业基础设施建设、农业装备保障能力建设和农村社会事业发展的有关财政资金项目和中央预算内投资项目，只要适合合作社承担的，均应当积极支持有条件的合作社承担。

2. 支持条件

应当支持具备下列基本条件的合作社承担相关涉农项目：一是应当经依法登记取得营业执照；二是相关规章制度、财务管理制度等比较规范；三是经营状况和信用记录良好；四是具有承担相关项目的能力和条件。

3. 支持方式

涉农项目主管部门在支持有条件的合作社承担相关涉农项目时，要根据项目性质，合理确定支持方式，支持方式主要包括：一是支持符合项目承担条件的合作社独立申报和承担项目建设；二是支持有关部门和单位把合作社纳入涉农项目实施单位范围。有关部门和地方应当根据《农民专业合作社法》的规定，出台支持合作社承担相关建设项目的具体规定，支持合作社更多更好地承担相关建设项目。

二、财政资金扶持

《农民专业合作社法》第六十五条规定，中央和地方财政应当分别安排资金，支持农民专业合作社开展信息、培训、农产品标准与认证、农业生产基础设施建设、市场营销和技术推广等服务。国家对革命老区、民族地区、边疆地区和贫困地区的农民专业合作社给予优先扶助。县级以上人民政府有关部门应当依法加强对财政补助资金使用情况的监督。

目前，我国合作社的经济实力还不强，自我积累能力较弱，有必要对合作社予以财政扶持，同时，合作社主要由农民组成，对合作社予以财政扶持，是扶持"三农"的重要方式。对农民专业合作社的财政扶持包括投入主体、扶持方向、支持方式和对特殊地区合作社的扶持。

1. 投入主体

包括中央财政和地方财政，中央财政和地方财政应当分别安排资金支持合作社的发展。例如，中央财政专项设立的农业综合开发资金，主要用于农田水利工程建设，土地平整，土壤改良，田间道路建设，防护林营造，牧区草场改良，优良品种、先进技术推广，种植、养殖基地建设，农业生产、农产品加工设备购置和厂房建设，农产品贮运保鲜、批发市场等流通设施建设，农业社会化服务体系建设等方面。

2. 扶持方向

支持合作社开展信息、培训、农产品标准与认证、农业生产基础设施建设、市场营销和技术推广等服务，主要目的是引导合作社规范运行，建立健全管理制度，提高发展能力。《农民专业合作社法》对财政扶持方向作了原则规定，实践中，需要根据财政资金的使用方向确定具体的支持事项。

3. 支持方式

根据中央有关文件和相关部门制定的具体规定，支持方式主要包括直接补贴、政府购买服务、定向委托、以奖代补等。其中，直接补贴和以奖代补的方式比较常见。

4. 对特殊地区合作社的扶持

这些特殊地区主要是革命老区、民族地区、边疆地区等，这些地区有的交通不便，有的经济基础较差，有的自然条件恶劣，与其他地区的自然和经济条件相比有较大差距，有必要对这些地区的合作社予以优先扶持,以充分发挥这些地区合作社的带动作用。有关法律、中央有关文件和有关部门的规定已经对上述地区扶持问题作了规定,支持涉农专项资金、财政补助资金向这些地区倾斜,将这些地区的合作社列为优先扶持对象,对合作社带头人进行重点扶持。

5. 对财政补助资金使用的监督

《农民专业合作社法》增加了对财政补助资金使用情况进行监督的规定,旨在加强对财政补助资金使用的监督,防止财政补助资金被冒领、挪用,提高财政补助资金使用的效益。有关部门要出台具体规定,对财政补助资金使用的条件、范围、申报、评审、违法责任等作出具体规定,强化对财政补助资金使用的监督,确保财政补助的每一分钱都产生最大的效益。

三、金融扶持

《农民专业合作社法》第六十六条规定,国家政策性金融机构应当采取多种形式,为农民专业合作社提供多渠道的资金支持。具体支持政策由国务院规定。国家鼓励商业性金融机构采取多种形式,为农民专业合作社及其成员提供金融服务。国家鼓励保险机构为农民专业合作社提供多种形式的农业保险服务。鼓励农民专业合作社依法开展互助保险。

合作社的成员主要由农民组成,有的成员在加入合作社时出资很少或者没有出资,缺乏资金是很多合作社在发展中面临的主要障碍,仅靠合作社自身实力往往难以在市场竞争中立足并发展壮大。调动金融机构对合作社予以金融支持,是缓解合作社资金约束的对症之策。

1. 政策性金融机构的支持

政策性金融机构由政府或政府机构发起、出资设立,包括银行、信托、保险等，国家开发银行、中国进出口银行、中国农业发展银行是比较常见的政策性银行。其中，中国农业发展银行是专门服务于"三农"的政策性银行。这些政策性银行应当依照法律规定和党中央相关政策，为符合条件的合作社提供低息贷款、贴息贷款等融资服务。例如，中国农业发展银行对返乡人员开展适度规模经营，对发展休闲农业、乡村旅游、农村电商等新兴产业积极予以金融支持；国家开发银行积极为合作社开展土地流转等提供优惠贷款。

2. 商业性金融机构的支持

商业性金融机构按市场原则运作，在保证商业性金融机构信贷资金安全和必要经营利润的同时，应当根据国务院和有关部门的规定，支持、引导其向合作社提供融资服务，积极推动金融产品、利率、期限、额度、流程、风险控制等方面创新，满足合作社的金融需求，加大对耕地整理、农田水利、粮棉油糖高产创建、畜禽水产品标准化养殖、种养业良种生产等经营项目的支持力度，重点支持农业科技进步、现代种业、农机装备制造、设施农业、农产品精深加工等现代农业项目和高科技农业项目，支持农业社会化服务产业发展，支持农产品产地批发市场、零售市场、仓贮物流设施、连锁零售等服务设施建设。

3. 保险机构的支持

农业保险包括商业性保险和互助保险。应当积极引导商业性保险机构为合作社提供优质保险服务，根据国务院和有关部门的规定，发展农作物保险、主要畜产品保险、重要"菜篮子"品种保险和森林保险，推广农房、农机具、设施农业、渔业、制种保险等业务，稳步开展主要粮食作物、生猪和蔬菜价格保险试点，提高中央、省级财政对主要粮食作物保险的保费补贴比例。互助保险是国际上重要的保险组织形式之一，我国在这方面的起步较晚，目前正处于试点阶段，涉及的产业主要是种植业、养殖业、手工加工业等，应当鼓励有条件的地区探索符合实际的互助保险模式，以满足农民保险需求。

四、税收优惠

农民专业合作社具有独立的法人资格，可以依法享受国家支持农业发展的各项税收优惠措施。《农民专业合作社法》第六十七条规定，农民专业合作社享受国家规定的对农业生产、加工、流通、服务和其他涉农经济活动相应的税收优惠。根据这一规定，合作社享受的税收优惠主要包括以下几个方面。

1. 农业生产方面

根据《中华人民共和国企业所得税法实施条例》的规定，合作社从事蔬菜、谷物、薯类、油料、豆类、棉花、麻类、糖料、水果、坚果的种植，农作物新品种的选育，中药材的种植，林木的培育和种植，牲畜、家禽的饲养，林产品的采集，灌溉、农产品初加工、兽医、农技推广、农机作业和维修等农林牧渔服务业项目，远洋捕捞，免征企业所得税；从事花卉、茶以及其他饮料作物和香料作物的种植，海水养殖、内陆养殖，减半征收企业所得税。

2. 农业加工方面

根据国家税务总局的规定，合作社对粮食、林木、蔬菜等种植业以及畜牧业、渔业等国家税务总局规定的农产品进行初加工服务，收取的加工费，可以按照产品初加工的免税项目处理。合作社将购入的农林牧渔产品，在自有或者租用的场地进行育肥、育秧等再种植、养殖，经过一定的生长周期，使其生物形态发生变化，且并非由于本环节对农产品进行加工而明显增加了产品的使用价值的，可视为农产品的种植、养殖项目，享受相应的税收优惠。

3. 农业流通方面

根据国务院和有关部门的规定，对以批发、零售方式销售的蔬菜免征增值税，经挑选、清洗、切分、晾晒、包装、脱水、冷藏、冷冻等工序的蔬菜，属于免征蔬菜范围；对合作社从事批发、零售销售鲜活肉蛋产品的，免征增值税；对合作社生产销售和批发、零售有机肥产品的，免征增值税。

4. 农业服务方面

根据国务院和有关部门的规定，对合作社销售本社成员生产的农业产品，视同农业生产者销售自产农业产品，免征增值税；对合作社向本社成员销售农膜、种子、种苗、化肥、农药、农机，免征增值税；对合作社与本社成员签订的农业产品和农业生产资料购销合同，免征印花税；农民采取转包、出租、互换、转让、入股等方式将承包地流转给合作社用于农业生产的，免征增值税。

5. 其他涉农经济活动方面

对合作社从事农业机耕、排灌、病虫害防治、植保、农牧保险以及相关技术培训业务，家禽、牲畜、水生动物的配种和疾病防治，免征增值税。

五、用电用地优惠

对合作社给予用电用地优惠是《农民专业合作社法》新增加的规定，以进一步加大对合作社的扶持力度。《农民专业合作社法》第六十八条规定，农民专业合作社从事农产品初加工用电执行农业生产用电价格，农民专业合作社生产性配套辅助设施用地按农用地管理，具体办法由国务院有关部门规定。

1. 用电优惠

合作社从事农产品初加工用电执行农业生产用电价格。农产品初加工是指对收获的各种农产品进行去籽、净化、分类、晒干、剥皮、沤软或大批包装的加工过程。电价包括居民生活、农业生产、工商业及其他用电价格，不同类别的电价差别较大，农业生产用电价格一般为每度0.4元，居民生活用电价格一般为每度0.5~0.6元，工商业及其他用电价格一般为每度0.8~1.8元，农业生产用电价格是最低的。对合作社从事农产品初加工执行农业生产用电价格，可以有效降低合作社从事农业初加工的成本，提高生产效益。农产品初加工执行农业生产用电价格的具体范围，需要由有关部门和地方根据本部门或者本地区的实际作出规定。目前，一些地方对粮食、水果、蔬菜、纤维植物、药用植物、茶叶、烟叶等农产品初加工执行农业生产用电价格的范围作了细化规定。

2. 用地优惠

合作社生产性配套辅助设施用地按农用地管理，不需要办理农用地转用审批手续，不需要缴纳耕地占用税，生产经营结束后应当按照要求对土地进行复垦，这既可以减轻合作社的负担，也可以简化用地的手续。对于生产性配套辅助设施的范围，需要国务院有关部门作出具体规定。目前，有关部门出台了一些规定，对生产设施、附属设施和配套设施用地的范围作了具体明确的规定。生产设施用地是指在设施农业项目区域内，直接用于农产品生产的设施用地，包括工厂化作物栽培中有钢架结构的玻璃或PC板连栋温室用地等；规模化养殖中畜禽舍、畜禽有机物处置等生产设施及绿化隔离带用地；水产养殖池塘、工厂化养殖池和进排水渠道等水产养殖的生产设施用地；育种育苗场所、简易的生产看护房用地等。附属设施用地是指直接用于设施农业项目的辅助生产的设施用地，包括设施农业生产中必需配套的检验检疫监测、动植物疫病虫害防控等技术设施以及必要的管理用房用地；设施农业生产中必需配套的畜禽养殖粪便、污水等废弃物收集、存贮、处理等环保设施用地；生物质肥料生产设施用地；设施农业生产中所必需的设备、原料、农产品临时存贮、分拣包装场所用地；符合"农村道路"规定的场内道路等用地。配套设施用地是指合作社从事规模化粮食生产所必需的配套设施用地，包括晾晒场、粮食烘干设施、粮食和农资临时存放场所、大型农机具临时存放场所等用地。其他用地应当按建设用地进行管理：经营性粮食存贮、加工和农机农资存放、维修场所，以农业为依托的休闲观光度假场所、各类庄园、酒庄、农家乐，以及各类农业园区中涉及建设永久性餐饮、住宿、会议、大型停车场、工厂化农产品加工、展销等用地。有关部门要进一步加强对农用地的管理，既要保障符合条件的合作社依法充分享受到用地优惠，也要防止出现违法占用农用地的现象。

参考文献

阿布力孜·布力布力，2022. 农民专业合作社经营管理[M]. 北京：中国农业出版社.

陈建国，陈光国，韩俊，2018. 中华人民共和国农民专业合作社法解读[M]. 北京：中国法制出版社.

胡北忠，2020. 农民专业合作社财务核算与管理[M]. 北京：科学出版社.

李瑞芬，2018. 农民专业合作社你问我答[M]. 北京：中国科学技术出版社.

李秀萍，赵永军，葛万钧，2019. 农民专业合作社建设与经营管理[M]. 北京：中国农业科学技术出版社.

李艳萍，闫云婷，2022. 农民专业合作社运营管理与实务（图解案例版）[M]. 北京：化学工业出版社.

王玉华，贾晓娟，2017. 农民专业合作社会计实务[M]. 北京：中国农业出版社.

徐彩玲，赵展军，2017. 农民专业合作社建设管理[M]. 北京：金盾出版社.

附录 中华人民共和国农民专业合作社法（2018版）

（2006年10月31日第十届全国人民代表大会常务委员会第二十四次会议通过 2017年12月27日第十二届全国人民代表大会常务委员会第三十一次会议修订）

第一章 总则

第一条 为了规范农民专业合作社的组织和行为，鼓励、支持、引导农民专业合作社的发展，保护农民专业合作社及其成员的合法权益，推进农业农村现代化，制定本法。

第二条 本法所称农民专业合作社，是指在农村家庭承包经营基础上，农产品的生产经营者或者农业生产经营服务的提供者、利用者，自愿联合、民主管理的互助性经济组织。

第三条 农民专业合作社以其成员为主要服务对象，开展以下一种或者多种业务：

（一）农业生产资料的购买、使用；

（二）农产品的生产、销售、加工、运输、贮藏及其他相关服务；

（三）农村民间工艺及制品、休闲农业和乡村旅游资源的开发经营等；

（四）与农业生产经营有关的技术、信息、设施建设运营等服务。

第四条　农民专业合作社应当遵循下列原则：

（一）成员以农民为主体；

（二）以服务成员为宗旨，谋求全体成员的共同利益；

（三）入社自愿、退社自由；

（四）成员地位平等，实行民主管理；

（五）盈余主要按照成员与农民专业合作社的交易量（额）比例返还。

第五条　农民专业合作社依照本法登记，取得法人资格。

农民专业合作社对由成员出资、公积金、国家财政直接补助、他人捐赠以及合法取得的其他资产所形成的财产，享有占有、使用和处分的权利，并以上述财产对债务承担责任。

第六条　农民专业合作社成员以其账户内记载的出资额和公积金份额为限对农民专业合作社承担责任。

第七条　国家保障农民专业合作社享有与其他市场主体平等的法律地位。

国家保护农民专业合作社及其成员的合法权益，任何单位和个人不得侵犯。

第八条　农民专业合作社从事生产经营活动，应当遵守法律，遵守社会公德、商业道德，诚实守信，不得从事与章程规定无关的活动。

第九条　农民专业合作社为扩大生产经营和服务的规模，发展产业化经营，提高市场竞争力，可以依法自愿设立或者加入农民专业合作社联合社。

第十条　国家通过财政支持、税收优惠和金融、科技、人才的扶持以及产业政策引导等措施，促进农民专业合作社的发展。

国家鼓励和支持公民、法人和其他组织为农民专业合作社提供帮助和服务。

对发展农民专业合作社事业做出突出贡献的单位和个人，按照国家有关规定予以表彰和奖励。

第十一条 县级以上人民政府应当建立农民专业合作社工作的综合协调机制，统筹指导、协调、推动农民专业合作社的建设和发展。

县级以上人民政府农业主管部门、其他有关部门和组织应当依据各自职责，对农民专业合作社的建设和发展给予指导、扶持和服务。

第二章 设立和登记

第十二条 设立农民专业合作社，应当具备下列条件：

（一）有五名以上符合本法第十九条、第二十条规定的成员；

（二）有符合本法规定的章程；

（三）有符合本法规定的组织机构；

（四）有符合法律、行政法规规定的名称和章程确定的住所；

（五）有符合章程规定的成员出资。

第十三条 农民专业合作社成员可以用货币出资，也可以用实物、知识产权、土地经营权、林权等可以用货币估价并可以依法转让的非货币财产，以及章程规定的其他方式作价出资；但是，法律、行政法规规定不得作为出资的财产除外。

农民专业合作社成员不得以对该社或者其他成员的债权，充抵出资；不得以缴纳的出资，抵销对该社或者其他成员的债务。

第十四条 设立农民专业合作社，应当召开由全体设立人参加的设立大会。设立时自愿成为该社成员的人为设立人。

设立大会行使下列职权：

（一）通过本社章程，章程应当由全体设立人一致通过；

（二）选举产生理事长、理事、执行监事或者监事会成员；

（三）审议其他重大事项。

第十五条 农民专业合作社章程应当载明下列事项：

（一）名称和住所；

（二）业务范围；

（三）成员资格及入社、退社和除名；

（四）成员的权利和义务；

（五）组织机构及其产生办法、职权、任期、议事规则；

（六）成员的出资方式、出资额，成员出资的转让、继承、担保；

（七）财务管理和盈余分配、亏损处理；

（八）章程修改程序；

（九）解散事由和清算办法；

（十）公告事项及发布方式；

（十一）附加表决权的设立、行使方式和行使范围；

（十二）需要载明的其他事项。

第十六条 设立农民专业合作社，应当向工商行政管理部门提交下列文件，申请设立登记：

（一）登记申请书；

（二）全体设立人签名、盖章的设立大会纪要；

（三）全体设立人签名、盖章的章程；

（四）法定代表人、理事的任职文件及身份证明；

（五）出资成员签名、盖章的出资清单；

（六）住所使用证明；

（七）法律、行政法规规定的其他文件。

登记机关应当自受理登记申请之日起二十日内办理完毕，向符合登记条件的申请者颁发营业执照，登记类型为农民专业合作社。

农民专业合作社法定登记事项变更的，应当申请变更登记。

登记机关应当将农民专业合作社的登记信息通报同级农业等有关部门。

农民专业合作社登记办法由国务院规定。办理登记不得收取费用。

第十七条　农民专业合作社应当按照国家有关规定，向登记机关报送年度报告，并向社会公示。

第十八条　农民专业合作社可以依法向公司等企业投资，以其出资额为限对所投资企业承担责任。

第三章　成员

第十九条　具有民事行为能力的公民，以及从事与农民专业合作社业务直接有关的生产经营活动的企业、事业单位或者社会组织，能够利用农民专业合作社提供的服务，承认并遵守农民专业合作社章程，履行章程规定的入社手续的，可以成为农民专业合作社的成员。但是，具有管理公共事务职能的单位不得加入农民专业合作社。

农民专业合作社应当置备成员名册，并报登记机关。

第二十条　农民专业合作社的成员中，农民至少应当占成员总数的百分之八十。

成员总数二十人以下的，可以有一个企业、事业单位或者社会组织成员；成员总数超过二十人的，企业、事业单位和社会组织成员不得超过成员总数的百分之五。

第二十一条　农民专业合作社成员享有下列权利：

（一）参加成员大会，并享有表决权、选举权和被选举权，按照章程规定对本社实行民主管理；

（二）利用本社提供的服务和生产经营设施；

（三）按照章程规定或者成员大会决议分享盈余；

（四）查阅本社的章程、成员名册、成员大会或者成员代表大会记录、理事会会议决议、监事会会议决议、财务会计报告、会计账簿和财务审计报告；

（五）章程规定的其他权利。

第二十二条 农民专业合作社成员大会选举和表决，实行一人一票制，成员各享有一票的基本表决权。

出资额或者与本社交易量（额）较大的成员按照章程规定，可以享有附加表决权。本社的附加表决权总票数，不得超过本社成员基本表决权总票数的百分之二十。享有附加表决权的成员及其享有的附加表决权数，应当在每次成员大会召开时告知出席会议的全体成员。

第二十三条 农民专业合作社成员承担下列义务：

（一）执行成员大会、成员代表大会和理事会的决议；

（二）按照章程规定向本社出资；

（三）按照章程规定与本社进行交易；

（四）按照章程规定承担亏损；

（五）章程规定的其他义务。

第二十四条 符合本法第十九条、第二十条规定的公民、企业、事业单位或者社会组织，要求加入已成立的农民专业合作社，应当向理事长或者理事会提出书面申请，经成员大会或者成员代表大会表决通过后，成为本社成员。

第二十五条 农民专业合作社成员要求退社的，应当在会计年度终了的三个月前向理事长或者理事会提出书面申请；其中，企业、事业单位或者社会组织成员退社，应当在会计年度终了的六个月前提出；章程另有规定的，从其规定。退社成员的成员资格自会计年度终了时终止。

第二十六条　农民专业合作社成员不遵守农民专业合作社的章程、成员大会或者成员代表大会的决议，或者严重危害其他成员及农民专业合作社利益的，可以予以除名。

成员的除名，应当经成员大会或者成员代表大会表决通过。在实施前款规定时，应当为该成员提供陈述意见的机会。

被除名成员的成员资格自会计年度终了时终止。

第二十七条　成员在其资格终止前与农民专业合作社已订立的合同，应当继续履行；章程另有规定或者与本社另有约定的除外。

第二十八条　成员资格终止的，农民专业合作社应当按照章程规定的方式和期限，退还记载在该成员账户内的出资额和公积金份额；对成员资格终止前的可分配盈余，依照本法第四十四条的规定向其返还。

资格终止的成员应当按照章程规定分摊资格终止前本社的亏损及债务。

第四章　组织机构

第二十九条　农民专业合作社成员大会由全体成员组成，是本社的权力机构，行使下列职权：

（一）修改章程；

（二）选举和罢免理事长、理事、执行监事或者监事会成员；

（三）决定重大财产处置、对外投资、对外担保和生产经营活动中的其他重大事项；

（四）批准年度业务报告、盈余分配方案、亏损处理方案；

（五）对合并、分立、解散、清算，以及设立、加入联合社等作出决议；

（六）决定聘用经营管理人员和专业技术人员的数量、资格和任期；

（七）听取理事长或者理事会关于成员变动情况的报告，对成员的入社、除名等作出决议；

（八）公积金的提取及使用；

（九）章程规定的其他职权。

第三十条　农民专业合作社召开成员大会，出席人数应当达到成员总数三分之二以上。

成员大会选举或者作出决议，应当由本社成员表决权总数过半数通过；作出修改章程或者合并、分立、解散，以及设立、加入联合社的决议应当由本社成员表决权总数的三分之二以上通过。章程对表决权数有较高规定的，从其规定。

第三十一条　农民专业合作社成员大会每年至少召开一次，会议的召集由章程规定。有下列情形之一的，应当在二十日内召开临时成员大会：

（一）百分之三十以上的成员提议；

（二）执行监事或者监事会提议；

（三）章程规定的其他情形。

第三十二条　农民专业合作社成员超过一百五十人的，可以按照章程规定设立成员代表大会。成员代表大会按照章程规定可以行使成员大会的部分或者全部职权。

依法设立成员代表大会的，成员代表人数一般为成员总人数的百分之十，最低人数为五十一人。

第三十三条　农民专业合作社设理事长一名，可以设理事会。理事长为本社的法定代表人。

农民专业合作社可以设执行监事或者监事会。理事长、理事、经理和财务会计人员不得兼任监事。

理事长、理事、执行监事或者监事会成员，由成员大会从本社成员中选举产生，依照本法和章程的规定行使职权，对成员大会负责。

理事会会议、监事会会议的表决，实行一人一票。

第三十四条　农民专业合作社的成员大会、成员代表大会、理事会、监事会，应当将所议事项的决定作成会议记录，出席会议的成员、成员代表、理事、监事应当在会议记录上签名。

第三十五条　农民专业合作社的理事长或者理事会可以按照成员大会的决定聘任经理和财务会计人员，理事长或者理事可以兼任经理。经理按照章程规定或者理事会的决定，可以聘任其他人员。

经理按照章程规定和理事长或者理事会授权，负责具体生产经营活动。

第三十六条　农民专业合作社的理事长、理事和管理人员不得有下列行为：

（一）侵占、挪用或者私分本社资产；

（二）违反章程规定或者未经成员大会同意，将本社资金借贷给他人或者以本社资产为他人提供担保；

（三）接受他人与本社交易的佣金归为己有；

（四）从事损害本社经济利益的其他活动。

理事长、理事和管理人员违反前款规定所得的收入，应当归本社所有；给本社造成损失的，应当承担赔偿责任。

第三十七条　农民专业合作社的理事长、理事、经理不得兼任业务性质相同的其他农民专业合作社的理事长、理事、监事、经理。

第三十八条　执行与农民专业合作社业务有关公务的人员，不得担任农民专业合作社的理事长、理事、监事、经理或者财务会计人员。

第五章　财务管理

第三十九条　农民专业合作社应当按照国务院财政部门制定的财务会计制度进行财务管理和会计核算。

第四十条　农民专业合作社的理事长或者理事会应当按照章程规定，组织编制年度业务报告、盈余分配方案、亏损处理方案以及财务会计报告，于成员大会召开的十五日前，置备于办公地点，供成员查阅。

第四十一条　农民专业合作社与其成员的交易、与利用其提供的服务的非成员的交易，应当分别核算。

第四十二条　农民专业合作社可以按照章程规定或者成员大会决议从当年盈余中提取公积金。公积金用于弥补亏损、扩大生产经营或者转为成员出资。

每年提取的公积金按照章程规定量化为每个成员的份额。

第四十三条　农民专业合作社应当为每个成员设立成员账户，主要记载下列内容：

（一）该成员的出资额；

（二）量化为该成员的公积金份额；

（三）该成员与本社的交易量（额）。

第四十四条　在弥补亏损、提取公积金后的当年盈余，为农民专业合作社的可分配盈余。可分配盈余主要按照成员与本社的交易量（额）比例返还。

可分配盈余按成员与本社的交易量（额）比例返还的返还总额不得低于可分配盈余的百分之六十；返还后的剩余部分，以成员账户中记载的出资额和公积金份额，以及本社接受国家财政直接补助和他人捐赠形成的财产平均量化到成员的份额，按比例分配给本社成员。

经成员大会或者成员代表大会表决同意,可以将全部或者部分可分配盈余转为对农民专业合作社的出资,并记载在成员账户中。

具体分配办法按照章程规定或者经成员大会决议确定。

第四十五条 设立执行监事或者监事会的农民专业合作社,由执行监事或者监事会负责对本社的财务进行内部审计,审计结果应当向成员大会报告。

成员大会也可以委托社会中介机构对本社的财务进行审计。

第六章 合并、分立、解散和清算

第四十六条 农民专业合作社合并,应当自合并决议作出之日起十日内通知债权人。合并各方的债权、债务应当由合并后存续或者新设的组织承继。

第四十七条 农民专业合作社分立,其财产作相应的分割,并应当自分立决议作出之日起十日内通知债权人。分立前的债务由分立后的组织承担连带责任。但是,在分立前与债权人就债务清偿达成的书面协议另有约定的除外。

第四十八条 农民专业合作社因下列原因解散:

(一)章程规定的解散事由出现;

(二)成员大会决议解散;

(三)因合并或者分立需要解散;

(四)依法被吊销营业执照或者被撤销。

因前款第一项、第二项、第四项原因解散的,应当在解散事由出现之日起十五日内由成员大会推举成员组成清算组,开始解散清算。逾期不能组成清算组的,成员、债权人可以向人民法院申请指定成员组成清算组进行清算，人民法院应当受理该申请，并及时指定成员组成清算组进行清算。

第四十九条 清算组自成立之日起接管农民专业合作社，负责处理与清算有关未了结业务，清理财产和债权、债务，分配清偿债务后的剩余财产，代表农民专业合作社参与诉讼、仲裁或者其他法律程序，并在清算结束时办理注销登记。

第五十条 清算组应当自成立之日起十日内通知农民专业合作社成员和债权人，并于六十日内在报纸上公告。债权人应当自接到通知之日起三十日内，未接到通知的自公告之日起四十五日内，向清算组申报债权。如果在规定期间内全部成员、债权人均已收到通知，免除清算组的公告义务。

债权人申报债权，应当说明债权的有关事项，并提供证明材料。清算组应当对债权进行审查、登记。

在申报债权期间，清算组不得对债权人进行清偿。

第五十一条 农民专业合作社因本法第四十八条第一款的原因解散，或者人民法院受理破产申请时，不能办理成员退社手续。

第五十二条 清算组负责制定包括清偿农民专业合作社员工的工资及社会保险费用，清偿所欠税款和其他各项债务，以及分配剩余财产在内的清算方案，经成员大会通过或者申请人民法院确认后实施。

清算组发现农民专业合作社的财产不足以清偿债务的，应当依法向人民法院申请破产。

第五十三条 农民专业合作社接受国家财政直接补助形成的财产，在解散、破产清算时，不得作为可分配剩余资产分配给成员，具体按照国务院财政部门有关规定执行。

第五十四条 清算组成员应当忠于职守，依法履行清算义务，因故意或者重大过失给农民专业合作社成员及债权人造成损失的，应当承担赔偿责任。

第五十五条　农民专业合作社破产适用企业破产法的有关规定。但是，破产财产在清偿破产费用和共益债务后，应当优先清偿破产前与农民成员已发生交易但尚未结清的款项。

第七章　农民专业合作社联合社

第五十六条　三个以上的农民专业合作社在自愿的基础上，可以出资设立农民专业合作社联合社。

农民专业合作社联合社应当有自己的名称、组织机构和住所，由联合社全体成员制定并承认的章程，以及符合章程规定的成员出资。

第五十七条　农民专业合作社联合社依照本法登记，取得法人资格，领取营业执照，登记类型为农民专业合作社联合社。

第五十八条　农民专业合作社联合社以其全部财产对该社的债务承担责任；农民专业合作社联合社的成员以其出资额为限对农民专业合作社联合社承担责任。

第五十九条　农民专业合作社联合社应当设立由全体成员参加的成员大会，其职权包括修改农民专业合作社联合社章程，选举和罢免农民专业合作社联合社理事长、理事和监事，决定农民专业合作社联合社的经营方案及盈余分配，决定对外投资和担保方案等重大事项。

农民专业合作社联合社不设成员代表大会，可以根据需要设立理事会、监事会或者执行监事。理事长、理事应当由成员社选派的人员担任。

第六十条　农民专业合作社联合社的成员大会选举和表决，实行一社一票。

第六十一条 农民专业合作社联合社可分配盈余的分配办法，按照本法规定的原则由农民专业合作社联合社章程规定。

第六十二条 农民专业合作社联合社成员退社，应当在会计年度终了的六个月前以书面形式向理事会提出。退社成员的成员资格自会计年度终了时终止。

第六十三条 本章对农民专业合作社联合社没有规定的，适用本法关于农民专业合作社的规定。

第八章 扶持措施

第六十四条 国家支持发展农业和农村经济的建设项目，可以委托和安排有条件的农民专业合作社实施。

第六十五条 中央和地方财政应当分别安排资金，支持农民专业合作社开展信息、培训、农产品标准与认证、农业生产基础设施建设、市场营销和技术推广等服务。国家对革命老区、民族地区、边疆地区和贫困地区的农民专业合作社给予优先扶助。

县级以上人民政府有关部门应当依法加强对财政补助资金使用情况的监督。

第六十六条 国家政策性金融机构应当采取多种形式，为农民专业合作社提供多渠道的资金支持。具体支持政策由国务院规定。

国家鼓励商业性金融机构采取多种形式，为农民专业合作社及其成员提供金融服务。

国家鼓励保险机构为农民专业合作社提供多种形式的农业保险服务。鼓励农民专业合作社依法开展互助保险。

第六十七条 农民专业合作社享受国家规定的对农业生产、加工、流通、服务和其他涉农经济活动相应的税收优惠。

第六十八条 农民专业合作社从事农产品初加工用电执行农

业生产用电价格,农民专业合作社生产性配套辅助设施用地按农用地管理,具体办法由国务院有关部门规定。

第九章 法律责任

第六十九条 侵占、挪用、截留、私分或者以其他方式侵犯农民专业合作社及其成员的合法财产,非法干预农民专业合作社及其成员的生产经营活动,向农民专业合作社及其成员摊派,强迫农民专业合作社及其成员接受有偿服务,造成农民专业合作社经济损失的,依法追究法律责任。

第七十条 农民专业合作社向登记机关提供虚假登记材料或者采取其他欺诈手段取得登记的,由登记机关责令改正,可以处五千元以下罚款;情节严重的,撤销登记或者吊销营业执照。

第七十一条 农民专业合作社连续两年未从事经营活动的,吊销其营业执照。

第七十二条 农民专业合作社在依法向有关主管部门提供的财务报告等材料中,作虚假记载或者隐瞒重要事实的,依法追究法律责任。

第十章 附则

第七十三条 国有农场、林场、牧场、渔场等企业中实行承包租赁经营、从事农业生产经营或者服务的职工,兴办农民专业合作社适用本法。

第七十四条 本法自 2018 年 7 月 1 日起施行。